정재순 10살전 영어혁명

정재순 지음

정재순 10살 전 영어혁명

초판 1쇄 인쇄 2022년 10월 25일
초판 1쇄 발행 2022년 11월 05일

지은이 · 정재순
발행인 · 강혜진
발행처 · 진서원
등록 · 제 2012-000384호 2012년 12월 4일
주소 · (04021) 서울 마포구 동교로 44-3 진서원빌딩 3층
대표전화 · (02) 3143-6353 / **팩스 ·** (02) 3143-6354
홈페이지 · www.jinswon.co.kr | **이메일 ·** service@jinswon.co.kr

편집진행 · 안혜희 | **기획편집부 ·** 한주원, 김유진
표지 및 내지 디자인 · 디박스 | **종이 ·** 다올페이퍼 | **인쇄 ·** 교보피앤비 | **마케팅 ·** 강성우

ISBN 979-11-86647-94-3 13740
진서원 도서번호 22002
값 20,000원

정재순 지음

정재순 10살 전

영어혁명

엄마표 영어로 국내파 아들 실리콘밸리 취업!

진원

세상 모든 꽃들에게 희망을!

영어 때문에 날개가 꺾이지 않도록, 평범한 아이들도 성공할 수 있도록

엄마표 영어 관련 글을 쓰면서 첫 시작을 무엇으로 할까 고민했습니다. 고민을 하면 할수록 뜬금없이 떠오르는 단어는 '꽃'이었습니다. 그 꽃은 다름 아닌 세상 모든 아이들입니다. 온 세상 곳곳에 자유롭고 아름답게 피어있는 꽃들, 바로 우리 아이들입니다. 모든 꽃들이 아름답고 평등하듯이 우리 아이들도 똑같이 평등하고 아름답습니다.

세상의 꽃들은 일 년 내내 피고 집니다. 어떤 꽃은 아직 눈보라가 몰아치는 이른 봄에 꽃을 피우고, 어떤 꽃은 늦가을 뜨거운 햇살 아래에 꽃을 피웁니다. 활짝 피는 시기는 달라도 모든 꽃들은 기어코 자신만의 꽃을 피웁니다.

처음 책을 쓰기 시작했을 때는 엄마들에게 초점을 맞추었습니다. 엄마들이 가지고 있는 아이들 영어에 대한 막막함을 풀어주고 싶었습니다. 하지만 많이 고민하면서 책을 쓸수록 아이들이 계속 떠올랐습니다. 아이들의 인생과 영어가 결코 무관하지 않음을 절감했기 때문입니다.

꽃들이 저마다 꽃을 피우는 시기가 다르듯이 아이들의 첫 시작도 똑같지 않습니다. 출발이 공평하다는 말은 거짓말일지도 모릅니다. 어떤 아이는 좀 더 빨리 말하고, 어떤 아이는 좀 더 빨리 걷습니다. 누나는 만 3세에 한글을 읽어도 동생은 8세가 될 때까지 한글을 완벽하게 읽지 못할 수도 있습니다. 빠른 아이들의 시작에만 집중하면 느리고 평범한 아이들이 답답해 보입니다. 만약 느리고 평범한 아이들의 오늘에만 집중했다면 이 책은 세상에 나오지 않았을 것입니다.

이 책은 아이들의 미래에 대한 이야기, 꿈에 대한 이야기, 그리고 그 미래와 꿈을 열어주는 영어에 대한 이야기입니다. 아이들의 오늘은 느리고 평범해도 그들의 미래까지 느리지 않습니다. 세상 모든 아이들이 자신의 꿈을 피울 때 영어 때문에 날개가 꺾여서도 안 됩니다. 이 책은 평범한 아이들의 미래를 바꾸는 영어에 대한 이야기입니다.

아이의 미래를 바꾸는 영어,
듣고 말하는 영어

한동대학교 이재영 교수는 〈천재들의 비밀 노트〉라는 강연에서 이렇게 말했습니다.

"천재는 새로운 시대를 여는 사람이고 1등은 그 시대에 적합한 사람이다."

모두가 1등을 할 수는 없지만, 자기만의 천재성을 이끌어낼 수 있습니다. 자기 안의 천재성은 자기의 인생을 열어줍니다. 남의 인생이 아닌 자신만의 인생을 열고 살아가는 아이, 그 아이는 시험이나 성적 안에 갇혀있지 않습니다. 아이는 자유롭게 더 큰 세상으로 나갈 수 있습니다. 아이가 더 큰 세상으로 나갈 때 그 세상과 소통할 수 있는 언어가 필요합니다. 영어는 그런 아이의 날개가 되어 줍니다. 평범한 아이의 미래를 바꾸는 언어, 그것은 바로 소통하는 영어입니다.

소통하는 영어란, 읽기 중심의 영어가 아닌 '듣고 말하는 영어'입니다. '듣고 말하는 영어'가 아이들에게 주어질 때 아이들은 더 큰 세상으로 나가 자신의 꿈을 펼칠 수 있습니다. '듣고 말하는 영어'는 만

3세에 한글을 깨우친 누나뿐만 아니라 8세까지도 한글을 완벽하게 읽지 못했던 동생도 할 수 있습니다. 동생이 시간이 좀 더 걸리겠지만, 결국 누구나 다 듣고 말할 수 있게 됩니다. 읽고 쓰는 것에는 차이가 있지만, 모든 아이들이 모국어를 듣고 말하는 능력에는 차이가 없는 것처럼 영어도 마찬가지입니다. 왜냐하면 영어든, 모국어든 다 똑같은 언어이기 때문입니다.

영어 유치원 출신도 아니고 조기 유학도 못 갔지만 엄마표 영어로 실리콘밸리 취업에 성공한 아들

지금은 영어책 읽기 광풍의 시대라고 해도 과언이 아닐 정도로 읽기가 강조되고 있습니다. 물론 읽기는 정말 중요합니다. 하지만 모든 아이들이 영어책 1,000권, 2,000권, 3,000권을 척척 읽어낼 수 없습니다. 또한 영어 리딩 레벨이 5점, 6점이 될 수도 없습니다. 그러나 귀가 열리고 말하는 영어는 가능합니다. 듣고 말하는 것은 인간의 천부적인 능력이기 때문입니다.

저는 두 아이를 엄마표 영어로 키우고 영어 학원 원장으로 일하면서 아이들에게 고통이 아닌 영어, 듣고 말하는 영어, 늦된 아이도 글로벌한 꿈을 꾸게 해 주는 영어를 지향하고 있습니다. 영어 날개를 달아주기 위해 고군분투했고 시행착오도 많이 겪었습니다. 오랜 시간 동안의 힘든 경험 끝에 모국어가 머릿속에 완벽하게 자리잡기 전인 10세 이전에 영어 소리에 노출되면 누구나 영어 말문이 트인다는 것을 직접 눈으로 확인했습니다.

저는 학창 시절에 영어책 읽기는 유창해도 듣고 말하기는 그렇지 않았습니다. 이런 영어에 한이 맺혀서 제 아이는 저와 다른 영어를 가져야 한다고 생각했습니다. 20여 년 전 '엄마표 영어'란 말이 나오기도 전에 저는 제 두 아이의 영어를 남들과 조금 다르게 시작했습니다.

당시에도 엄마들의 교육 열정은 지금과 크게 다르지 않았습니다. 영어 유치원이 강세였고 강남의 아이들은 조기 유학이 기본 수순이었습니다. 제 두 아이는 영어 유치원 출신도 아니고 해외에서 성장하지도 않았지만, 결과적으로 만족스러운 영어 실력을 갖게 되었습니다.

누나보다 늦되어서 걱정했던 아들은 미국 실리콘밸리의 스타트업 회사 취업에 성공했습니다. 두 아이의 영어는 10세 전에 영어 소리를 무차별적으로 노출시키는 것에서 출발했습니다. 그리고 15년간 학원에서 만난 수많은 아이들도 비슷한 결과를 내고 있습니다.

10세 전 무차별적 영어 소리 노출의 기적!
15년간 수많은 아이들의 귀와 입이 트이다

　대한민국에서 평범한 아이들을 키우는 현실은 생각보다 쉽지 않습니다. 세상이 불공평한 것을 잘 알고 있었고 대한민국 공교육에서 크게 기대할 게 없다고 생각했습니다. 저의 두 아이는 어쩔 수 없이 착실하게 공교육을 받아야 했습니다. 학교에 자주 가는 엄마는 아니었지만, 연년생 두 아이를 키우면서 초등학교 6년 동안 두 아이 모두 1년에 4주 정도 아이들의 등하교 시간에 학교 앞 횡단보도를 지키는 봉사를 했습니다. 아이들이 중고등학교에 다닐 때는 1년에 네 번씩, 6년 동안 총 24번의 학부모 시험 감독을 했습니다. 시험 감독을 해 보니 중학교 때부터 공부에 손놓은 아이들을 보면 마음이 답답했고, 고등학생들이 시험지를 받자마자 대충 답을 마킹하고는 그대로 엎드려 자는 모습에 충격을 받았습니다.

　우리나라 아이들은 엄마 뱃속에서부터 공부를 한다고 해도 과언이 아닙니다. 하지만 아이들은 자라면서 공부 때문에 심한 좌절감을 느낍니다. 평범한 엄마들에게는 수시, 정시의 대학 입시 정책이 풀 수 없는 암호처럼 어렵습니다. 엄마가 무지해서인지, 아이들의 실력이 평범해서인지, 아니 두 가지 모두 원인일 수도 있겠지만, 저의 두 아이는 수시 여섯 장의 카드를 모두 날려버리고 바늘구멍 같은 정시 관문을 통과해야 했습니다.

지금도 입시 비리가 터지면 화가 납니다. 이제는 두 아이 모두 대학교를 졸업하고 자신의 인생을 살아가기 때문에 마음이 많이 누그러졌지만, 가끔 신문지면을 달구는 입시 비리를 볼 때면 무척 속상한 것은 어쩔 수가 없습니다. 제 아이 둘은 이미 다 컸지만, 저는 학원 원장으로서 지금도 평범한 아이들을 가르치고 있기 때문에 아직까지 이런 분노의 감정을 느끼곤 합니다.

영어 혁명을 위한 엄마표 영어 3년, 워킹맘도, 영어 못하는 엄마도 가능하다

앞에서 평범한 아이들의 미래를 특별하게 바꾸는 것 중의 하나는 '듣고 말하는 영어', '소통하는 영어'라고 말했습니다. 영어로 자유롭게 전 세계 사람들과 대화를 나눈다는 것은 어떤 의미일까요? 자신의 아이가 이런 영어를 갖게 된다면 아이의 인생은 어떻게 달라질까요?

의사소통이 되는 영어는 세계로 나갈 수 있는 창과 같습니다. 아이의 활동 무대가 우리나라에서 전 세계로 확장되면 직업을 선택할 수 있는 기회도 더욱 많아집니다. 원하는 곳으로 얼마든지 여행을 할 수도 있고, 전 세계 사람들을 친구로 사귈 수도 있어서 인생이 한층 더 풍요로워집니다. 의사소통이 가능한 영어는 살아있는 영어이고 아이의 미래를 바꾸는 영어입니다. 이것은 정말 혁명입니다.

내 아이가 영어 혁명을 경험하려면 10세 전에 엄마와 함께하는 3년의 시간이 절대적으로 필요합니다. 저는 이 책에 그 로드맵을 실었습니다. 그러므로 이 책에서 안내하는 대로 하루 1시간만 집중 투자하고(2시간은 영어 소리 노출) 3년간 꾸준히 실천한다면 영어 하나쯤은 얼마든지 아이의 손에 들려줄 수 있습니다. 엄마표 영어를 하고 싶어도 시간이 충분하지 않은 워킹맘을 위한 솔루션도 실었습니다. 워킹맘도 하루 1시간 정도 시간을 낼 수 있으므로 이 솔루션을 충실하게 따라해 보세요.

신생아는 시간이 지나면 자연스럽게 모국어 말문이 터집니다. 영어도 누군가에게는 모국어입니다. 엄마표 영어는 엄마가 영어를 가르치는 것이 아니라 영어에 노출되는 환경을 만들어주는 것입니다. 모국어를 깨우치는 원리를 똑같이 우리 아이들에게 적용하는 것이 엄마와 함께하는 3년간 엄마표 영어의 핵심입니다. 아이가 모국어 소리 환경에 노출되면 자연스럽게 귀가 열리고, 말을 하며, 책을 읽듯이 영어도 똑같은 원리를 충실하게 만들어주기만 하면 됩니다. 엄마가 해 주어야 하는 것은 무차별적으로 영어 소리가 노출되는 환경을 만드는 일입니다. 영어 소리가 차고 넘치면 귀가 열리고, 말을 하며, 글도 읽게 됩니다. 엄마는 아이의 언어 능력을 그대로 이끌어내는 코치이지, 영어 선생님이 아닙니다. 엄마가 영어에 자신이 없어도 영어 소리 노출 환경은 만들 수 있으니 제발 포기하지 마세요.

듣기가 넘치면 결국 말하게 되는, 인간의 타고난 언어 습득 능력을 믿자

최근 초등 영어의 핵심 키워드는 '엄마표 영어'입니다. 이에 따라 엄마표 영어와 관련된 성공담이 쏟아져 나오고 있습니다. 바람직한 현상이라고 생각하지만, 경험담은 대부분 일부 특별한 아이들의 이야기에 한정되어 있습니다. 특히 읽기 중심의 영어가 강조되고 있습니다. 엄마표 영어 몇 년 만에 〈Harry Potter〉를 읽었다거나, 특목고에 합격했다거나 하는 이야기가 주류를 이룹니다. 엄마표 영어의 로드맵을 알려주는 수백 쪽이 넘는 책을 모두 읽어보았지만, 무엇을 읽었는지, 어떻게 시작해야 하는지 막막하기만 합니다. 내 아이의 영어를 어디서부터 시작해야 할지, 그보다 먼저 내 아이도 그 아이들처럼 가능하긴 한 건지 알 수가 없습니다.

저는 15년 동안 다양한 세상의 아이들을 만났습니다. 세상의 아이들은 모두 다르고 엄마들도 다릅니다. 하지만 아이들의 '읽고 쓰는' 능력은 모두 달라도 '듣고 말하는' 능력은 아이들 모두 천부적으로 타고났다는 것은 분명한 사실입니다. 모국어든, 영어든 듣기가 넘치면 결국 말하게 되는 인간의 타고난 언어 습득 능력을 믿으세요. 그리고 아이를 믿고 엄마 자신을 믿으세요. 믿음이 준비되었다면 이제 출발하면 됩니다. 저와 이 책이 충실한 안내자가 되겠습니다.

당신의 다정한 선배이자, 영어 멘토

정재순

영상으로 책 한눈에 보기

국내 최초 '딸형 영어 로드맵'과 '아들형 영어 로드맵'을 엄마표 영어로 최적화한 것이 '정재순 시스템'입니다. 책을 읽기 전에 영상으로 먼저 만나보세요.

유튜브 영상
QR 코드

유튜브 영상
QR 코드

유튜브 영상
QR 코드

우리 아이는 딸 유형? VS 아들 유형?

<엄마표 영어 로드맵> 체크 리스트

《정재순 10살 전 영어혁명》에서는 편의상 언어 감각이 빠른 '딸 유형'과 느린 '아들 유형'으로 나누어 엄마표 영어 로드맵을 제시합니다. 다음의 체크 리스트를 작성해 보고 내 아이가 어떤 유형인지 파악해 보세요.

		Yes	No
1	책을 읽어주면 시선이 문자보다 그림에 가 있다.	○	○
2	삽화의 구석 부분에 있는 그림까지 발견한다.	○	○
3	직접 읽기보다 다른 사람이 읽어주는 것을 더 좋아한다.	○	○
4	읽기보다 말하기를 즐긴다.	○	○
5	한글을 늦게 깨우쳤다.	○	○
6	한글의 음가* 규칙을 잘 이해하지 못하거나 이해해도 적용하기 힘들다.	○	○
7	글밥이 긴 책을 끝까지 읽기가 힘들다.	○	○
8	초등학교 입학 시점에 받침 있는 한글 읽기를 어려워했다.	○	○
9	초등학교 3학년이 지나서야 쓰기에 진전이 있었다.	○	○
10	쓰기를 싫어하고 어려워한다.	○	○

Yes가 많다면 아들 유형, No가 많다면 딸 유형입니다.
체크 리스트에 대한 자세한 설명은 139~141쪽을 참고하세요.

● 음가: 발음 기관의 기초적 조건에 의한 단위적 작용 때문에 발생하는 성음 현상

언어 감각이 뛰어난 <딸 유형 영어 로드맵>

☑ 귀 열기: 7~8세 전후 '영화 보기'로 귀 열기를 시작한다.
☑ 읽기: 빠르면 8세부터, 적어도 9세부터는 읽기 시작한다.
☑ 쓰기, 말하기: 9세부터는 쓰기와 말하기를 시작한다.

단계	터 잡기	1년 차	2년 차	3년 차
연령	7세	8세	9세	10세
영화 보기		120분 ──────────────→		
듣기	영화 보기 1시간 이상	원서 30분 ─────────→		
읽기		10~20분	20분	30분
쓰기			(원할 경우) 자유롭게	자유롭게
말하기			연따 ──────────→ (연달아 따라 말하기)	

엄마는 하루 1시간만 집중 관리!!
(2시간은 영화 보기)

언어 감각이 부족한 <아들 유형 영어 로드맵>

☑ 귀 열기: 8~9세 전후 '영화 보기'로 귀 열기를 시작한다.

☑ 읽기: 9세 전후 도움 읽기를 하면 읽는다. 10세가 넘으면 읽기 독립이 가능하다.

☑ 쓰기, 말하기: 10세 이후 읽기가 가능해지면 시간차를 두고 쓰기와 말하기가 가능하다.

단계	터 잡기	1년 차	2년 차	3년 차
연령	7세	8세	9세	10세
영화 보기		150분	120분 ──────────→	
듣기	영화 보기 1시간 이상	원서 10~30분	원서 20분, 그림 영영사전 20분	원서 30분
읽기			도움 읽기	읽기 독립
쓰기				영영사전
말하기				연따

영어를 잘 몰라도 OK!
워킹맘도 OK!

별책부록
<엄마표 영어 3·6·5 성공노트>

정재순 원장님이 두 명의 자녀를 키우며 기록했던 육아 일지를 노트 형식으로 구현했어요.

" 365일 분량으로 구성했으니 손으로 직접 쓰면서
내 아이의 영어 공부 기록을 남겨보세요.
엄마와 아이 모두에게 성공 경험과 좋은 추억이 될 거예요. "

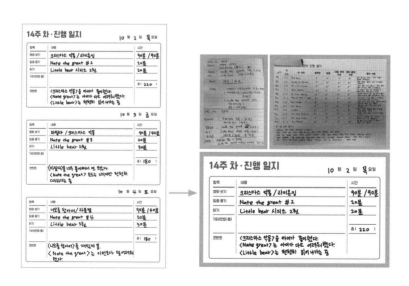

... 차 례 ...

첫째
마당

엄마표 영어에
3년 몰입,
일취월장한 딸

둘째 마당 : 늦된 아들의 대반전! 국내파 영어, 미국 취업에 성공하다

**넷째
마당** **'영알못'을 위한
엄마표 영어
완전 정복**

다섯째 마당 : 7~10세 엄마표 영어 로드맵
(ft. 하루 3시간, 집중 관리 1시간)

첫째
마당

엄마표 영어에
3년 몰입,
일취월장한 딸

01

20여 년 전,
엄마표 영어를 시작했습니다

8년을 배워도 입도 뻥긋 못하는 엄마의 영어

　저는 1979년 중학교 1학년 때 영어를 처음 만났습니다. 발음 기호를 배우고 영어 단어를 읽는 것을 시작으로 중학교 3년, 고등학교 3년, 대학교 교양영어 2년, 이렇게 총 8년 동안 영어를 배웠습니다. 이 정도 영어를 공부했으면 영어의 산 하나는 넘어야 하는데, 산을 넘기는커녕 더욱 멀어진 것이 현실이었습니다.

　영어에 대한 충격적인 사건은 대학교 1학년 때 일어났습니다. 우연한 기회에 캐나다 여학생을 만나게 되었습니다. 그때는 영어를 무척 좋아했고 문학을 즐기던 때여서 〈Demian〉, 〈The Scarlet Letter〉*, 〈Tess〉 등 영어 원서를 팔에 끼고 다녔습니다. 물론 이들 영어 소설을 완벽하게 이해한 것은 아니었지만, 본문에 밑줄을 그어가며 읽는 것이 마냥 좋았습니다. 캐나다 여학생을 만나기 전에는 저의 영어 현실이 어떤지 몰랐습니다. 하지만 우연히 그 여학생의 옆에 앉게 되었고 제게 말을 걸었던 그녀의 영어를 단 한마디도 알아듣지 못했을 때 받았던 충격은 지금도 생생합니다.

처음 만난 자리에서 그녀가 어려운 말을 했을까요? 그렇지 않았습니다. 아주 일상적인 문장이었어요. 하지만 저는 한마디도 알아듣지 못했습니다. 그때부터였을 거예요. 영어 울렁증이 생기고 영어를 마음 속 깊은 곳에 밀어넣었던 때가요. 처음 원어민을 만나서 들었던 말은 분명히 제가 읽은 책 속에 나오는 말이었습니다. 하지만 정확히 알아듣지도, 대답하지도 못했습니다. 이때 저는 읽는 것과 듣고 말하는 것은 완전히 다른 영역임을 처절하게 깨닫게 되었습니다.

욕망의 언어, 영어

2013년 방영된 EBS 다큐프라임 〈한국인과 영어〉에서는 한국인에게 영어는 '욕망의 언어'라고 표현했습니다. 욕망은 갖고 싶어도 가

● 〈The Scarlet Letter〉: 〈주홍글씨〉

질 수 없는 것을 말합니다. 또한 가질 수 없지만 포기할 수 없는 것도 욕망입니다. 영어가 '욕망의 언어'라는 것은 우리가 영어를 갖지 못했다는 뜻입니다. 8년을 배웠지만 갖지 못한 영어, 그래서 더욱 더 갖고 싶고 갈증 나는 영어……, 아예 배우지 않았더라면 욕망하지도 않았을 것입니다.

영어는 언어인데, 배우고 또 배워도 그 단순한 말 한마디 하기가 힘듭니다. 그래서 '이 죽일 놈의 영어'라는 자조 섞인 말도 나옵니다. 우리 세대는 저와 같은 경험을 한 사람이 많습니다. 말은 안 해도 가슴 밑바닥에 밀어넣었던 욕망이 아이를 낳고 나면 다시 꿈틀거리면서 올라옵니다. 내 아이에게만큼은 '그런 영어'를 물려주고 싶지 않다는 강렬한 욕망이 제게도 생겼습니다. 여기서 '그런 영어'란, 영어책을 줄줄 읽고 해석할 줄 알아도 한마디 알아듣지도, 말하지도 못하는 영어를 말합니다.

딸에게 '그런 영어'는 물려주고 싶지 않아서…

20여 년 전에는 '엄마표 영어'라는 말이 아직 탄생하기 전이었습니다. 당시 학교에서 가르치는 영어는 무조건 외우고, 깜지 쓰고,˚ 시험 치는 영어였습니다.

딸이 만 세 돌이 되기 전에 스스로 한글을 읽는 것을 보고 저는 고

● **깜지 쓰기** : 암기 내용을 흰색 종이가 검은색 글자 때문에 새까맣게 보일 정도로 빽빽하게 쓰는 것

민에 빠졌습니다. 당시 학교 영어나 학원 영어 모두 기대할 게 없었기 때문입니다. 이 문제를 풀기 위해 서점으로 달려가서 영어 학습법에 관련된 책을 하나씩 읽었습니다. 하지만 그 어떤 책에서도 신통한 답을 얻지 못했어요. 해답을 찾으려고 매달리던 어느 날, '유레카!'를 외칠 만큼 반가운 책 한 권을 만났습니다. 그것은 솔빛엄마의 〈엄마, 영어 방송이 들려요〉였습니다.

그녀가 고민했던 지점이 저와 정확히 일치하는 것에 소름이 돋았습니다. 그녀가 딸과 함께 진행했던 영어 습득 과정이 책에 고스란히 담겨 있었습니다. 영어도 모국어처럼 듣기 먼저 진행한 3년간의 경험담을 읽는 순간 저는 보물섬 지도를 손에 넣은 사람처럼 흥분되어 어쩔 줄 몰랐습니다. 딸은 초등학교 입학을 앞두고 있었고 아들은 아직 다섯 살이었습니다. 딸을 기준으로 3년을 진행한다고 해도 초등 3학년까지! 이것은 무조건 해 볼 만한 프로젝트라고 생각했고 다음 날부터 곧바로 실행에 옮기기 시작했습니다.

02

영어 노출 시작 5개월 후 'bakery'를 읽은 아이

영화 보기(160분)+영어 동화책 듣기(20분), 5개월 후의 놀라운 변화

딸이 태어나고 얼마 지나지 않아서 저는 딸에게 책을 읽어주었습니다. 물론 한글책입니다. 그림만 있는 책을 시작으로 정말 많은 책을 읽어주었습니다. 동화책만 읽어주었는데도 아이는 만 세 돌이 되기 전에 한글을 깨우쳤고 스스로 책을 읽었습니다. 문자를 익히는 감각이 좋은 아이여서 영어는 어떨까 궁금해 하며 하루에 3시간씩 영어 노출을 시작했습니다.

지금은 엄마표 영어와 관련된 책이 많아서 정보가 넘치지만, 20여 년 전에는 그렇지 않았습니다. 물론 저 같은 엄마들이 온라인에 있기는 했지만, 각자 스스로 헤쳐 나가야 했습니다. 저는 아이의 모국어 발달 순서를 생각하면서 그에 맞게 아이에게 영어 환경을 조성해 주려고 노력했습니다. 아이가 태어나면 주변에 모국어 소리가 가득하듯이 영어 소리를 가득 채웠습니다. 어떤 때는 아이가 해외의 놀이캠프에 왔다고 가정했습니다. 그래서 영어로만 된 애니메이션, 영화, 영어 방송 등을 녹화해서 틀어주었습니다.

하루 3시간 영어 노출을 위해 처음 한두 달은 집 안에 영어 소리를 가득 차게 하는 데 집중했습니다. 그리고 아기 때부터 한글 동화책을 읽어준 것처럼 영어책도 읽어주면 좋겠다는 생각에 오디오가 있는

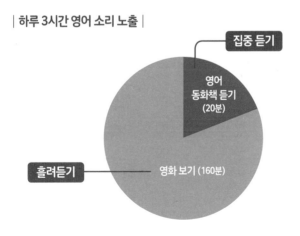

| 하루 3시간 영어 소리 노출 |

집중 듣기
영어 동화책 듣기 (20분)

흘려듣기
영화 보기 (160분)

영어 동화책을 들려주었습니다. 실제로 외국 아이들도 '베드타임 스토리(bedtime story)'라고 해서 엄마들이 읽어주는 책을 들으면서 잠이 듭니다. 영화 보기(160분) + 영어 동화책 듣기(20분), 이렇게 적정 시간을 짰습니다.

파닉스를 안 배워도 영어 간판을 읽기 시작하다

영어 노출을 시작한지 5개월이 지나자 신기한 변화가 생겼습니다. 한글을 막 깨우치기 시작할 때 딸은 차를 타고 가면서 창밖을 보다가 손가락을 가리키며 간판 속 글자를 읽곤 했습니다. 영어도 똑같은 현상이 일어났습니다. 마트에 데리고 가면 카트에 앉아서 손가락으로 벽에 붙어있는 글자를 가리키며 읽었습니다. 'bakery'를 읽고, 'fresh'를 큰소리로 읽었습니다. 저는 깜짝 놀랐습니다. 아이가 영어를 읽은 것에도 놀랐지만, 영어를 듣기만 했는데도 한글을 깨우쳤을 때와 똑같이 단어를 읽는다는 것이 너무 신기했습니다.

딸이 처음 읽은 영어책,
셸 실버스타인의 <The Giving Tree>*

딸의 영어는 평화롭게 문제 없이 진행되었습니다. 3시간 중에서

● 〈The Giving Tree〉: 〈아낌없이 주는 나무〉

20분은 영어책 듣기를 하고 나중에는 추후 30분으로 늘려 진행했습니다. 저는 그날그날의 영어 일지를 기록했습니다. 날짜와 요일을 쓴 후에 무슨 영화를 몇 분 동안 보았고 어떤 영어책을 몇 분 들었는지 꼼꼼하게 기록했습니다. 3시간 채운 날은 홀가분했지만, 그렇지 못한 날은 자기 전에 스토리북 하나라도 더 틀어주어 시간을 채웠습니다. 이렇게 똑같은 루틴이 계속 이어지던 어느 날 밤이었습니다. 영어책 듣기를 많이 하고 있었지만, 잠자기 전에 우리말 책 읽어주는 것도 계속 하고 있었습니다. 두 아이가 자기 전에 자신들이 원하는 책을 한 권씩 들고 오면 저는 그 책을 읽어주었습니다. 그날도 잠자리 동화책 읽어주는 시간이 되어 두 아이가 책을 들고 저에게 뛰어 왔습니다.

"엄마! 오늘은 내가 책을 읽어줄게!!"

이렇게 딸이 외치면서 책을 들고 와서 제 옆에 앉았습니다. 딸이 들고 온 책은 아동 문학가 셸 실버스타인(Shel Silverstein)의 〈The Giving Tree〉로, 결혼 전에 제가 가끔씩 보던 그림책입니다. 일종의 어른을 위한 동화 같은 책입니다. 결혼하면서 어쩐 일인지 친정에 두지 않고 신혼집에 이 책을 가져왔었나 봅니다. 딸은 표지의 그림을 보고 동화책이라 생각했고 자기가 읽어주겠다면서 들고 왔어요. 그 책의 첫 장을 열면 그림이 나오면서 첫 줄은 한글, 둘째 줄은 영어, 셋째 줄은 독일어로 되어 있었습니다. 저는 당연히 딸이 한글을 읽어줄 거라고 생각했습니다.

  딸은 제 옆에 앉아서 책을 읽기 시작했습니다. 그런데 아이는 첫 페이지를 한글로 읽고 나서 다음 페이지를 넘기는 것이 아니라 그 밑에 있는 영어를 읽었습니다. 그리고 심지어 셋째 줄에 있던 독일어도 영어 발음식으로 읽었습니다. 저는 누워 있다가 벌떡 일어났습니다. 딸은 계속 읽어나갔습니다. 그냥 페이지에 글이 있으니 그게 한글이든, 영어든, 독일어든 상관없이 자연스럽게 읽고 있는 딸을 보면서 제 심장이 미친 듯이 뛰기 시작했습니다. 이전에 따로 듣기를 한 책도 아닌데 유창한 발음으로 거리낌 없이 책을 읽어나갔습니다. 저는 후다닥 안방을 뛰어나가서 앤서니 브라운(Anthony Browne)의 〈Gorilla〉라는 영어 동화책을 가져왔습니다. 이 책은 딸이 아주 많이 들었던 영어 동화책 중 하나였는데, 저는 딸에게 읽어보라고 했습니다. 책을 펼쳐든 딸이 또박또박, 심지어 원어민이 읽어줄 때 들었던 오프닝 뮤직까지 읊조리면서 읽어나갔습니다.

  "띠링띠리리 띠리리리링 띠리리리띠리리리 띠띳띠. 한나 러브스 고릴라, 쉬 리드 북스 어바웃 고릴라스……."

  인토네이션(intonation)과 억양도 책을 읽어주는 원어민과 거의 같았습니다. 한글을 깨우칠 때와 똑같은 일이 일어나다니, 단지 여러 번 책을 듣기만 했을 뿐인데! 외워서 읽는 것이 아니라 글자를 보고 읽다니! 저는 아이가 영어를 읽는 것에만 감격한 것이 아니었습니다.

이 방법이 맞는구나, 맞아! 밤마다 한글 동화책을 읽어주었을 뿐인데, 한글을 깨우친 것처럼 똑같이 영어 글자를 듣기만으로 깨우치는 것에 감격했습니다.

그렇다면 '이렇게 영어 소리 노출과 함께 책을 읽어가면 아이가 모국어를 하듯이 영어로도 말을 하겠구나!', '읽기만 하는 영어가 아닌 말하는 영어를 가질 수 있겠구나!'라는 확신이 또 다시 들었습니다. 아무도 모르는 금광을 발견한 기분, 비밀이 가득한 코드의 한 페이지를 풀어낸 기분이었습니다.

지금도 그렇지만, 그때도 많은 아이들이 영어를 파닉스(음가 학습)로 시작했습니다. 하지만 딸이 파닉스를 배우지 않았는데도 영어를 읽는 것이 어찌나 신기했는지 모릅니다. 그것은 마치 한글 ㄱ, ㄴ, ㄷ을 배우지 않아도 단어를 통으로 읽는 것과 같은 현상이었습니다. '정말 이 방법이 맞구나!'라는 확신에 휩싸여 저의 가슴이 두근두근거렸습니다.

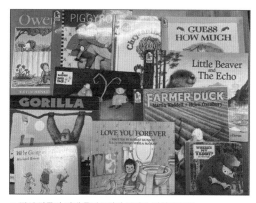

▲ 딸이 잠들기 전에 틀어주었던 오디오 영어 동화책

03

영화로 흘려듣기,
힘들게 귀를 쫑긋 세울 필요가 없다
(ft. 하루 160분 투자)

무차별적으로 쏟아지는 모국어처럼 영어 환경 만들기

딸은 영어를 무척 좋아했습니다. 영어 영화 보기도 좋아했고, 영어
책 오디오 듣기도 좋아했습니다. 엄마표 영어를 시작하기 전에도 한
글책을 좋아했으니, 영어책을 좋아하는 것은 어찌 보면 당연한 것이
었습니다. 그림 그릴 때도, 동생과 레고를 만들며 놀 때도 TV에서는
영어 영화가 돌아갔습니다. TV 앞에 딱 집중하고 보지 않아도 상관
없었습니다. 항상 영어 소리가 넘치는 것이 중요했고 집중해서 듣는

것보다는 배경 음악처럼 무의식으로 듣는 것이 더 중요했습니다.

영어는 외국어니까 집중해서 들어야 한다고 생각하지만, 그것은 착각입니다. 아이들이 태어나면 아이들의 귀에 우리말 소리가 자연스럽게 쏟아져 들어옵니다. 잠결에도 들리고 우유를 먹을 때도 들립니다. 그냥 늘 일상생활에서 아이의 귀에 우리말 소리가 무차별적으로 쏟아져 들어옵니다. 아이의 눈을 보고 또박또박 반복해서 말하는 사람은 엄마와 아빠뿐입니다. 아이는 수많은 시간 동안 모국어를 흘려듣고 그 소리는 무의식 속에 차곡차곡 저장됩니다. 이와 마찬가지 원리로 영어도 무차별적인 소리 노출이 매우 중요합니다.

영어 소리 노출은 영화가 제격!
계속 들어주기만 해도 OK!

한국 같은 EFL 환경*에서는 영어 소리를 들을 기회가 별로 없어서 인위적으로 만들어주어야 합니다. 어떤 상황이 주어지고 그 속에서 주인공들이 말하는 영어 대화가 들리도록 하는 것이 중요한데, 이것은 영화가 제격입니다. 영화에는 등장 인물이 나오고, 일상에서 처하는 상황이 있으며, 그 상황에서 하는 그들의 말이 들어있습니다. 원어민의 문화나 생활 습관도 접할 수 있습니다. 처음 영어 소리를 접

● EFL(English as a Foreign Language): (영어가 모국어가 아닌 나라에서) 외국어로서의 영어
ESL(English as a Second Language): (영어가 모국어인 나라에서) 제2언어로서의 영어

하게 할 때는 영화를 통해서 흘려듣기 하는 게 중요합니다(단계별 영화 보기 추천 리스트는 188~192쪽 참고). 하루에 160분 정도만 투자해 보세요.

이때 한글 자막을 켜놓지 않는 방법을 추천합니다. 일단 내용을 알아야 하니 한 번은 자막을 보여줘야 하지 않느냐고 질문하는 분들이 많습니다. 하지만 아이들은 어릴수록 오히려 글자를 모르기 때문에 한글 자막을 요구하지 않습니다. 만약 한글을 깨우친 아이라면 자막을 가려주세요. DVD 타이틀이나 컴퓨터로 영화를 볼 때는 자막 세

▲ 아날로그식 자막 가리개 - 자막을 가리기 위해 비닐을 여러 겹 접어서 자막에 붙여놓고 영화를 보여주었다.

팅 기능을 활용하여 무자막 보기가 가능합니다. 이것이 여의치 않다면 비닐을 여러 겹 접어서 테이프로 자막 부분에 붙이는, 아날로그식 자막 가리개를 추천합니다. 조금은 단순하고 원시적인 방법이지만, 멀리서 보면 자막은 보이지 않으므로 영화를 보는 데 크게 방해가 되지 않아 딸이 어렸을 때 제가 종종 활용했거든요.

04

오디오 영어 동화책으로 집중 듣기
(ft. 하루 20분 투자)

집중 듣기 - 오디오 영어 동화책 10분 듣기로 시작하자

　영화에서 나오는 배경음처럼 들리는 영어 소리가 아니라 책을 통한 소리 듣기도 매우 중요합니다. 마치 엄마들이 아직 한글을 모르는 아기에게 동화책을 들려주듯 영어도 동화책 듣기가 중요한데, 이것을 '집중 듣기'라고 합니다. 엄마표 영어를 하는 분들에게 집중 듣기는 이미 알고 있는 개념일 것입니다. 집중 듣기는 동화책 듣기를 시작으로 처음에는 10분으로 시작하다가 20~30분 정도 늘려갑니다.

처음에는 오디오를 틀어놓고 엄마가 옆에서 함께 듣는 게 좋습니다. 어떤 아이는 일주일 정도 엄마가 옆에서 같이 들으며 집중 듣기를 하면 곧 스스로 할 수 있습니다. 하지만 어떤 아이는 그렇지 못합니다. 혼자서 집중 듣기를 하지 못하는 아이라면 충분한 시간을 두고 엄마와 같이 들어야 합니다.

요즘에는 세이펜(Say Pen)을 글자에 갖다 대면 소리를 읽어주는 책이 있는데, 이런 책도 아이가 스스로 집중 듣기를 할 힘이 생길 때까지 유용하게 사용할 수 있습니다. 아이가 혼자서 집중 듣기를 할 수 있을 때도 20~30분이면 충분합니다.

잠들기 전 영어 소리 듣기
무의식중 영어 소리 쌓기에 최적!

딸은 처음 1년 동안은 영화 보기(150~160분, 흘려듣기)+동화책 듣기(20~30분, 집중 듣기)로 영어 공부를 진행했습니다. 저는 딸이 하루에 3시간 동안 영어 듣기를 꼭 채우도록 노력했습니다. 잠자리에 들기 전에 한글책 읽어주기도 계속했고 잠들 때는 머리맡에 영어 동화 오디오를 틀어주었습니다. 이때 듣기는 아이가 좋아해서 여러 번 들었던 책의 소리만 틀어주었습니다.

언어의 소리는 무의식 속에 쌓이는 것이 중요한데, 잠자기 전에 듣는 영어 소리는 아이의 무의식 속에 영어 소리를 쌓을 수 있게 해 줍니다. 늘 듣던 동화책을 소리만 듣게 해서 잠들 수 있도록 잔잔한 네

이티브(native)의 소리로만 골라서 틀어주곤 했습니다. 6개월이 지나면서 딸이 읽기가 가능해진 것을 알았고 그때부터 쉬운 리더스북 읽기를 추가했습니다.

1년 후 그림 없는 챕터북도 읽기 시작하다

딸은 1년도 되기 전에 '챕터북(chapter book)'이라는 65쪽 정도의 그림은 없고 글이 제법 많은 책을 읽게 되었습니다. 지금 생각해 보면 딸은 문자를 익히는 능력이 좋은 아이였습니다. 모든 아이가 그렇게 쉽게 영어를 읽지는 못한다는 것을 아들을 보면서 알게 되었기 때문입니다. 딸은 문자를 쉽게 받아들였지만, 연년생이었던 둘째인 아들은 그렇지 않았습니다. 아들의 영어 읽기는 초등학교 4학년이 되어서야 진전되었습니다.

영화를 보고 영어책 듣기와 읽기를 하면서 시간이 평화롭게 지나갔습니다. 영어 단어를 외우는 것도 아니고, 억지로 영어를 쓰게 하는 것도 아니었기 때문에 아이들도 거부감이 없었고 엄마인 저도 좋았습니다.

▲ 글이 제법 많은 챕터북

집중 듣기 추천 도서

52쪽에서 추천하는 집중 듣기용 영어 원서는 CD나 오디오 음원이 있는 책입니다. 엄마표 영어를 하면서 기본적으로 필요하면서도 아이들이 선호했던 책만 모았습니다. 시중에는 이보다 훨씬 많은 책이 있고, 지금도 계속 출판 및 수입되고 있습니다.(음원이 없는 원서는 이보다 훨씬 더 많습니다.) 엄마표 영어는 영어책으로 쌓아가는 역사여서 영어 원서를 빼놓고는 진행할 수 없습니다. 도서를 구입하면서 진행하다 보면 아이가 무엇을 좋아하는지 취향도 알게 됩니다.

52쪽에서 열거한 책을 집중 듣기로 쓰다가 나중에는 읽기로 활용하면 좋습니다. 모든 영어 원서를 구입할 수는 없지만, 기본적인 원서는 빌리는 것보다 구입하는 것을 추천합니다. 특히 시작 단계 때 필요한 리더스북이나 스토리북은 충분히 준비하는 게 더 좋습니다.

스토리북(Story Book) ··

| <A Weekend with Wendel> | <Farmer Duck>
| <Five Little Monkeys Jumping on The Bed>
| <Goodnight Moon> | <Gorilla>
| <Have You Seen My Duckling?>
| <Here Are My Hands> | <Hooray for Fish!>
| <Hopon Pop> | <Little Beaver and The Echo>
| <More More More Daid The Baby> | <My Friends> | <On Market Street>
| <Piggies> | <Quick As a Cricket> | <Seven Blind Mice>
| <Silly Sally> | <The Doorbell Rang>
| <The Story of The Little Mole: Who Knew It Was None of His Business>
| <The Very Hungry Caterpillar> | <We're Going on A Bear Hunt>
| <Where's My Teddy?> | <Willy The Dreamer>

▲ <Hooray for Fish!>

리더스북(Readers Book) ······

| <All Aboard Reading> 시리즈
| <An I Can Read Book> 시리즈

▲ 다양한 리더스북 시리즈

| <Arthur's Adventure> 시리즈
| <Arthur Starter> 시리즈
| <Banana> 시리즈 | <Caillou> 시리즈 | <Clifford Phonics> 시리즈
| <Curious George> 시리즈 | <D.W.> 시리즈 | <Froggy> 시리즈
| <Learn to Read> 시리즈 | <Little Critter> 시리즈
| <Little Princess> 시리즈 | <Magic Reader> 시리즈
| <Magic School Bus> 시리즈 | <Mr. Men> 시리즈
| <Mr. Putter and Tabby> 시리즈 | <Oxford Reading Tree> 시리즈
| <Ready to Read> 시리즈 | <Rocket> 시리즈 | <Scholastic> 시리즈
| <Spooky Tales> 시리즈 | <Step into Reading> 시리즈
| <The Berenstain Bears> 시리즈 | <Usborne First Reading> 시리즈

| 2단계: 8~9세 전후 |

얼리 챕터북(Early Chapter Book) ·····················

| <I Am Reading> 시리즈 | <Comix> 시리즈
| <Horrid Henry Early Reader> 시리즈
| <Nate The Great> 시리즈
| <Oxford Reading Tree> 시리즈(8, 9, 10, 11, 12)
| <Serious Silly Story> 시리즈
| <Usborne Young Reading> 시리즈

▲ <Nate The Great>
시리즈

| 3단계: 9세 전후 |

챕터북(Chapter Book) ·······························

| <Amber Brown> 시리즈
| <Andrew Lost> 시리즈 | <Arthur> 시리즈
| <A to Z Mysterious> 시리즈
| <Cam Jansen> 시리즈
| <Encyclopedia Brown> 시리즈
| <Franny K. Stein> 시리즈
| <Geronimo Stilton> 시리즈
| <Horrible Harry> 시리즈
| <Horrid Henry> 시리즈 | <Katie Kazoo> 시리즈
| <Jack Stalwart> 시리즈 | <Jake Drake> 시리즈 | <Judy Moody> 시리즈
| <Junie B. Jones> 시리즈 | <Magic Ballerina> 시리즈
| <Magic Tree House> 시리즈 | <Marvin Redpost> 시리즈
| <Monster MaNor> 시리즈 | <My Weird School> 시리즈
| <Nancy Drew and The Clue Crew> 시리즈 | <Secret of Droon> 시리즈
| <Tiara Club> 시리즈 | <Time Warp Trio> 시리즈 | <Zack Files> 시리즈

▲ <Katie Kazoo>
시리즈

| 4단계: 10세 전후 |

플롯(plot)이 간단한 소설

| <Because of Winn-Dixie> | <Caleb's Story>
| <Chocolate Fever> | <Esio Trot>
| <Fantastic Mr. Fox>
| <George's Marvelous Medicine>
| <Sarah Plain and Tall> | <Skylark>
| <Stone Fox, Shiloh> | <Wayside School> 시리즈

▲ <Esio Trot>

| 5단계: 10세 이후 |

소설(Fiction)[*]

| <Andrew Clements> | <Artemis Fowl>
| <A Single Shard> | <Bad Girls>
| <Charlie and Chocolate Factory>
| <Charlotte's Web> | <Dear Mr. Henshaw>
| <Diary of Wimpy Kid> 시리즈 | <Giver>
| <Harriet The Spy> 시리즈 | <Harry Potter> 시리즈
| <Holes> | <Hoot> | <How to Steal a Dog>
| <Judy Blume> | <Matilda> | <My Side of The Mountain>
| <My Sister's Keeper> | <Percy Jackson> 시리즈 | <Princess Diary> 시리즈
| <Ramona> 시리즈 | <School Stories> 시리즈 | <Sleepover> | <Stuart Little>
| <The Cat Mummy> | <The Chronicles of Narnia> 시리즈
| <The Giraffe and The Pelly And Me> | <The Hundred Dresses>
| <The Sisterhood of The Traveling Pants> 시리즈[*]
| <The Spiderwick Chronicles>[*] | <The Tale of Despereaux>[*]

▲ <The Cat Mummy>

● 픽션(fiction): 허구로 쓰여진 소설
논픽션(nonfiction): 허구와 반대되는 개념으로 쓰여진 사실, 사회과학, 인문과학, 각종 기사 등
〈The Sisterhood of The Traveling Pants〉 시리즈: 〈청바지 돌려입기〉 시리즈
〈The Spiderwick Chronicles〉: 〈스파이더 위크가의 비밀〉
〈The Tale of Despereaux〉: 〈생쥐 기사 데스페로〉

| <There's a Boy in The Bathroom> | <The Worry Website>
| <To Kill a Mocking Bird> | <Unfortunate Events> 시리즈
| <Vicky Angel> | <Wonder>

지식책(Nonfiction)

| <Dino Life Guides> 시리즈
| <ELT> 시리즈
| <Let's Read And Find Out> 시리즈
| <Magic School Bus> 시리즈
| <Smart about Art> 시리즈
| <Smart about History> 시리즈
| <The Danger Zone> 시리즈 | <Who Was> 시리즈

▲ 논픽션의 대표 주자 DK의
<ELT> 시리즈는 1~5레
벨로 구성되어 있다.

| 집중 듣기를 위한
5단계 추천 도서* |

집중 듣기를 한 도서는 나중에
읽기 도서로 활용해도 좋다.

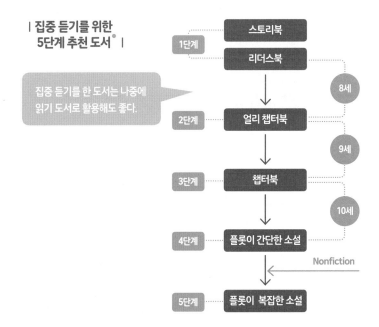

| 1단계 | 스토리북 |
| 리더스북 |
2단계	얼리 챕터북	8세
3단계	챕터북	9세
4단계	플롯이 간단한 소설	10세
Nonfiction
5단계	플롯이 복잡한 소설

● 집중 듣기 5단계 추천 도서 중 일부 책을 제외하고 대부분 웬디북, 키즈북세종, 개똥이네 영어 전문 인터
넷 서점에서 구매할 수 있다.

05
영어 잠꼬대를 하는 아이,
입 트기 고민 시작!
(ft. 하루 20분 연따 스피킹)

영어 옹알이를 받아줄 원어민이 필요한 걸까

딸의 영어책 읽기는 상당히 유창했습니다. 어느 날 딸이 영어로 잠꼬대하는 소리를 들으며 저는 새로운 고민에 빠졌습니다. 대학교 때 처음 원어민을 만나서 말 한마디 하지 못했던 저도 영어책은 많이 읽었습니다. 아이에게 바라는 영어는, 읽기는 기본이고 말하는 영어였지요. 마치 옹알이를 하듯이 영어로 잠꼬대하는 아이를 보면서 영어 입을 열어주어야 하는 순간이 온 것을 알았습니다. 딸의 입을 열어주려면 아이의 말을 상대해 주고 받아줄 원어민이 필요했습니다. 옹알이를 받아주고 되돌려주는 엄마처럼 말이지요. 하지만 현실에서 그런 원어민을 구하기가 정말 쉽지 않았습니다.

툭 치면 툭 나오는 영어 말하기

원어민을 구하는 대신 딸에게 '연따'라는 발화 연습을 시켰습니다. 영어로 말하고 싶어서 입이 근질거리던 딸은 연따를 아주 신나게 했습니다.

연따란, 그동안 들었던 책이나 재미있게 보았던 영화를 소리만 듣고 그대로 연달아 따라 말하는 것입니다. 딸은 영어 소리에 이미 귀가 열렸기 때문에 소리를 따라 하는 것이 어려운 일은 아니었습니다. 하루에 20분 정도 연따를 했는데, 자기가 좋아하는 책은 한 권을 통째로 말했습니다. 그림을 그릴 때 틀어주면 손으로는 그림을 그리고 입으로는 줄줄줄 연따를 하곤 했습니다. 연따 이외의 다른 발화 훈련(미미킹, 섀도잉)˙이 발음을 좀 더 유창하게 하거나 원어민의 억양과 같게 하는 훈련법이라면, 연따는 본격 말하기 훈련입니다. 딸은 연따를 시작하면서 비로소 소리로만 들었던 영어 소리의 의미를 알게 되고 생각의 유추도 가능해졌습니다. 입이 열리고 말을 할 수 있게 되자, 영어의 의미 파악도 훨씬 좋아졌습니다.

● 미미킹(mimiking): 흉내 내기를 의미하는데, 여기서는 한 문장 단위로 음성을 따라 하는 것
섀도잉(shadowing): 원어민의 말을 들으면서 동시에 따라 하는 것

책을 덮고 하루 20분 연따 스피킹 시작

연따는 소리를 따라 하고 (물론 영어로) 내용을 물으면 그것에 관해서 영어로 대답하는 진정한 스피킹 훈련이었습니다. 영어 소리를 내는 연따는 책을 덮은 상태에서 소리만 듣고 그대로 따라 하는 것입니다. 중간에 문장을 끊지도 않습니다. 얼핏 들으면 엄청 힘들 것 같지만, 귀가 열린 아이에게는 전혀 힘든 일이 아닙니다. 연따는 이 책에서 굉장히 중요한 부분이기 때문에 나중에 따로 설명할 것입니다(연따에 대한 구체적인 내용은 142쪽 참고).

▲ QR 코드로 들어가면 아이의 동영상을 확인할 수 있다.

엄마표 영어 3년 차가 지나면 연따뿐만 아니라 동시 통역하듯이 한글 해석도 할 수 있다.

06

사교육 없이
영어 말하기와 쓰기를 습득한 딸

말하기가 되면 쓰기는 자연스럽게 가능해진다

딸은 말하기가 유창해지면서 쓰기도 좋아졌기 때문에 노트 한바닥씩 영어를 쓰곤 했습니다. 문법을 따로 배운 적이 없어서 문법에 맞지 않는 문장도 있었지만, 연필을 잡으면 멈추지 않고 거침없이 써내려갔습니다. 만화를 좋아하는 딸은 한글 만화를 그리듯이 영어를 말풍선에 넣어서 영어 만화를 그렸습니다. 한글 일기를 쓰듯이 영어 일기도 거침없이 써내려갔습니다. 아이가 갖고 있는 언어 능력 그대로 영어도 모국어처럼 똑같은 아웃풋이 나오는 게 정말 신기했습니다. 영어도 아이의 본성 그대로 따라가는 것임을 알게 되었습니다.

▲ 초등학교 입학 전에 딸이 그린 영어 만화

문법을 먼저 배웠다면 영어 쓰기를 할 수 있었을까

만약 딸이 어린 나이에 문법부터 배웠다면 이렇게 술술 영어를 말하지도 못했을 뿐만 아니라 영어 쓰기도 어려웠을 것입니다. 머릿속으로 영어 영작을 하느라 말은 튀어나오지 않았을 것이며, 문법에 맞는 글을 쓰느라 한바닥씩 영어를 쓸 엄두도 못 냈을 것입니다. 7세에 시작한 영어가 10세가 되자 듣고, 말하고, 읽고, 쓰는 모든 영역을 다룰 수 있게 되었습니다.

딸은 듣고, 말하고, 읽고, 쓰는 영어의 4대 영역을 그 어떤 사교육도 없이, 배움의 고통도 없이 그대로 습득했습니다. 학기 중에는 영어 공부 3시간을 확보하려고 등교하기 전에 영화를 보기도 하고, 하교 후에는 학원에 간 것처럼 2시간을 영어 듣기와 읽기에 몰두했습니다. 방학이 되면 뭉텅이 시간 3시간을 온전히 낼 수 있었기 때문에 집에서 리딩캠프를 열기도 했습니다.

방학에는 3시간 통으로 영어에 몰입! 집중 듣기와 읽기 시간 늘려 진행

방학이 되면 오전 9시부터 12시까지 3시간을 통으로 낼 수 있어서 학기 중에도 방학을 기다렸습니다. 방학에는 읽기 분량을 늘려서 영화 보기 90분+집중 듣기 40분+책 읽기 30분+연따 20분, 이렇게 진행했습니다. 엄마표 영어 3년 차를 넘어서자 딸은 집중 듣기 책의 레벨이 높아졌고, 집중 듣기 시간도 늘어났으며, 읽는 책의 양도 많아졌습니다.

| 방학 때 영어 몰입 시간 늘려 진행 |

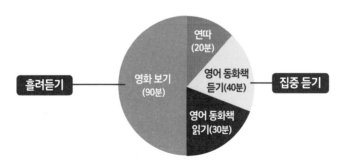

다음은 언어 감각이 뛰어난 딸과 함께 3년간 실천했던 엄마표 영어 연차표입니다. 초등학교 입학 전에 1년간 영화 보기로 터 잡기를 한 후 1학년부터는 영화 보기로 영어를 흘려듣기 하면서 책을 통해 집중 듣기를 시작했습니다. 영어가 익숙해지자 읽기를 조금씩 늘렸고 2년 차부터 연따를 시작했습니다. 3년 차에 듣기와 말하기가 어느 정도 갖추어지자 쓰기는 자연스럽게 이루어졌습니다.

하루 3시간씩 3년의 영어 몰입 시간이 지나자 아이는 원어민과 일상 대화를 할 수 있는 수준에 이르렀고, 중고등학교 시절에는 영어 시험을 걱정할 필요가 없었습니다. 이후 수능을 치렀을 때도 영어 덕분에 공부 시간을 절약할 수 있었고 결과적으로 대학교 입시에 성공했습니다(연차별 구체적 로드맵은 212쪽의 '다섯째마당. 7~10세 엄마표 영어 로드맵' 참고).

	터 잡기(7세)	1년 차(8세)	2년 차(9세)	3년 차(10세)	최종 목표
영화 보기		120분	120분	120분	시간 나는 대로 영화 보기
듣기		30분	30분 이상	30분 이상	• 리딩 레벨 6점 이상의 소설책 듣기 • 관심 있는 다양한 주제 듣기
읽기		10~20분	20분 이상	30분 이상	리딩 레벨 5~6점 이상 도달하기
쓰기	영화 보기 1시간 이상		자유롭게 쓰기 (쓰기를 원할 경우)	자유롭게 쓰기	• 자유롭게 쓰기 • 주제를 정해 글쓰기
말하기			연따 시작	연따 루틴	• 원어민과 자연스럽게 일상 대화하기 • 주제를 정해 말하기
선택 사항			ESL 학습서		• ESL 문법 학습서 <Grammar in Use> • ESL 학습서

3년 후 영어 레벨 테스트를 보다

: "외국 국제학교 출신인가요?" :

유명 학원 세 곳에서 받은 영어 레벨 테스트 결과는?

딸은 하루에 3시간씩 3년을 꼬박 집에서 영어를 듣고, 말하고, 읽고, 썼습니다. 이 모든 단계가 자연스러워질 무렵, 딸은 처음으로 영어 학원의 레벨 테스트를 받았습니다. 마치 산 속에서 혼자 훈련하던 어린 무술인이 처음으로 세상에 나온 것 같은 기분이었지요. 이때가 딸이 초등학교 3학년 때였고 그 당시에 꽤 유명한 영어 학원 세 곳에서 레벨을 테스트해 보았습니다.

2시간이 넘는 레벨 테스트를 치르고 처음으로 원어민 선생님과의 인터뷰도 진행했습니다. 영어 학원의 투명한 통유리창으로 보이는 딸의 모습에 저는 감동했습니다. 처음 만난 원어민 선생님과 상당히 오랜 시간 인터뷰를 했는데, 딸은 얼굴이 발갛게 상기된 채 또박또박 대답하고 있었습니다. 테스트가 끝난 후 학원 선생님은 아이가 혹시 외국 국제학교 출신이냐고 물었습니다. 집에서만 공부했다고 하니 눈이 휘둥그레지고 몹시 놀라는 눈치였습니다. 원어민 같은 영어를 구사해서 리터니(returnee)*인 줄 알았다는 선생님의 말에 저도 모르게 "엄마표 영어 학교 3학년이에요!"라고 대답할 뻔했습니다.

엄마와 다른 영어를 갖게 된 딸

초등학교 3학년인 한국 아이가 미국 학교 기준으로 5학년이 넘는 영어 수준이라는 결과를 받아들였을 때 학원 레벨 테스트라고 해도 무척 만족스러웠습니다. 사실 어떤 결과를 받더라도 상관은 없었습니다. 딸이 귀가 열려서 영어를 알아듣고, 말도 하며, 읽기는 당연히 잘하고, 쓰기도 한바닥씩 써낸다는 것을 알고 있었기 때문입니다.

딸의 영어는 엄마의 영어와는 완전히 다른 영어였습니다. 엄마의 영어가 문자에만 치중되었다면 딸의 영어는 그야말로 생활 중심의 언어였습니다. 이 영어는 3년이라는 시간과 노력이 들어갔지만, 자

● 리터니(returnee) : 외국에서 살다가 한국으로 돌아온 사람

연스러운 발달 과정에 따라 '학습'이 아닌 '습득'의 과정이었습니다.

시간이 흘러 초등학교 5학년, 엄마의 손을 떠나 스스로 영어를 공부하던 딸은 장기자랑으로 연극을 준비하게 되었습니다. 장기자랑은 롤 플레이(role play) 형식으로 교실의 교탁 위에 손인형을 올려놓고 대사를 하는 인형극이었습니다. 친구와 같이 배경 박스와 인형을 만들고 연극 대본도 직접 썼는데, 영어로 대사를 썼다는 것을 나중에 알게 되었습니다. 연극의 시작을 알리는 말과 배경 설명, 인형들의 대사도 모두 영어로 쓴 것을 보고 수줍음이 많은 딸이 무슨 용기로 영어 인형극을 만들었는지 신기했습니다. 영어 실력을 자랑하기보다 그냥 영어가 친숙하고 자연스러워서 그랬을 거라 생각했습니다.

딸이 영어로 인형극을 하는 것보다 사람들 앞에서 얼굴이 빨개져도 끝까지 해내는 모습을 보면서 뭔지 모를 뭉클함과 짠함을 느꼈습니다. 이때 인형극에 참관했던 엄마들이 딸에게 관심을 가졌습니다. 학급 장기자랑 후에 엄마들 몇 명이 차 한 잔 마시자면서 집으로 초대해 달라고 부탁했습니다. 저는 대체로 조용히 지내는 편이어서 엄마들과 교류가 별로 없었습니다.

엄마표 영어를 시작했던 초등학교 1학년 때는 아이가 듣기만 해도 영어책을 줄줄 읽는 것이 너무 신기해서 만나는 엄마들에게 영어에 대해서 미친 듯이 떠들던 때가 있었습니다. 집에서 하루에 3시간씩 듣기만 해도 영어책을 줄줄 읽고 영화도 다 알아듣는다는 말을 시도 때도 없이 했습니다. 너무도 신기했고 누구에게라도 이렇게 신기한 일을 알려주고 싶었기 때문입니다. 초등학교 1학년인 딸의 영어가 조금씩 소문이 났고 그때도 엄마들이 우루루 우리 집으로 놀러왔습니다. 저는 정신없이 몇 시간을 영어 이야기만 했습니다. 너무 흥분해서 떠드느라 엄마들의 표정까지 읽지 못했습니다. 엄마들이 돌아가고 한두 달 후에 소문이 돌고 돌아서 제 귀에 들어왔을 때 저는 허탈감을 느꼈습니다. 제 앞에서는 고개를 끄덕이던 사람들이 돌아서서는 뒤에서 수군거렸다는 것을 나중에 알았습니다.

"저 여자는 영어에 미쳤어! 하루에 3시간씩 애를 잡아. 집에는 영어책이 산더미 같이 쌓였어!"

제게 돌아오는 이런 말을 듣고 저는 입을 다물게 되었습니다.
'아이를 잡다니, 아이를 잡는 사람들이 누군데? 내 아이들은 즐겁게 영화를 볼 뿐이라고! 당신들처럼 학원을 보내서 산더미 같은 숙제에 허덕이게 하고 수십 개의 단어를 외우느라 아이를 지치게 하는 것이 아니라고!'
이렇게 외치고 싶었지만 그런다고 오해를 풀 수는 없었습니다. 그때는 그랬습니다. 아직 엄마표 영어를 하는 사람이 많지 않았습니다. 당연히 그들 눈에는 학원에도 안 보내고 집에서 3시간씩 영어를 한다는 말이 충분히 오해를 불러일으킬 만했습니다. 저는 오프라인에서는 입을 다물었고 저와 같은 엄마들이 모여있는 온라인으로 파고들었습니다. 그 엄마들과 가끔 코엑스(COEX)의 작은 강의실에 모여서 실컷 영어 이야기를 하곤 했습니다. 그렇게 조용히 지내던 우리 집에 딸의 영어 연극을 본 엄마들이 찾아왔습니다. 또다시 오해를 불러일으킬 것을 알았지만, 그래도 저는 영어에 대해 하고 싶은 말을 또 쏟아냈습니다. 하지만 엄마들의 궁금증은 '딸이 도대체 어느 학원을 다니는 것이냐'는 것이었습니다. 집에서 영화를 보고 책을 읽는다는 제 말에 의심의 눈초리를 던졌습니다. 결국 엄마들은 원하는 답변을 듣지 못하고 돌아갔습니다. 그때 제 말을 듣고 엄마표 영어를 시작한 엄마가 있었을지는 잘 모르겠습니다. 지금은 엄마표 영어 이야기를 마음껏 할 수 있어서 정말 좋습니다. 같은 동네의 엄마뿐만 아니라 이렇게 전국의 엄마들에게 영어 이야기를 하게 되다니 꿈만 같습니다.

영어 원서 리딩 레벨과 국내 영어 교과 과정 비교

영어 원서의 레벨은 수록된 어휘 수준을 기준으로 보통 AR(Accelerated Reader) 지수로 나타냅니다. AR 뒤의 숫자는 미국 학년을 의미합니다. 예를 들어 AR 1.7 이면 미국 초등학교 1학년 2학기 수준이라는 의미입니다.

| 미국 학년 및 국내 교과 과정 비교(ft. AR 지수 기준) |

AR 지수	AR 1	AR 2	AR 3	AR 4	AR 5~6	AR 7~9	AR 10~12
미국 교과	초등 1	초등 2	초등 3	초등 4	초등 5~ 중등	중등	고등
한국 교과	초등 영어	중1	중2~중3	중3~고1	고2~고3	고3~수능	
원서 기준	리더스북, 스토리북	리더스북, 스토리북, 챕터북~	스토리북, 챕터북~	챕터북~ 소설	소설~ 논픽션	소설, 논픽션	소설, 논픽션

중학교부터 입시 돌입, 책 읽을 시간 부족!

몇 년 전까지만 해도 수능 지문이 AR 6~7 정도였다면 2019년부터 2021년까지 최근 3년간은 AR 9 정도라는 통계가 있습니다. 실제로 중학교 3학년까지의 리딩 레벨은 평균적으로 AR 3점 정도이지만, 고등학교 수준은 AR 5점 이상으로 매우 가파르게 높아집니다.

엄마표 영어 3년이 끝난 후에도 초등학교 6학년까지 영어책 읽기에 매진해야 하는 이유는, 중학교에 가서는 영어책을 읽을 시간이 별로 없기 때문입니다. 문장 이해력을 위해 10세 전까지는 언어적인 영어 학습뇌를 만들고 10세 이후에는 아이의 문자 이해력을 위해 우리말 책뿐만 아니라 영어책 읽기에도 박차를 가해야 합니다. 왜냐하면 영어 리딩 레벨은 단어를 암기한다고 오르는 것이 아니라 책을 읽어야 향상되기 때문입니다. 결국 수능 영어는 영어적인 지식뿐만 아니라 배경 지식과 문제 해결 능력도 중요하므로 한글책 읽기와 영어책 읽기가 병행되어야 합니다.

한글책 읽기를 싫어했던 아이라면 영어책 읽기를 즐기는 것이 쉽지 않을 것입니다. 하지만 엄마표 영어로 영어 그릇이 커진 아이라면 영어책 읽기가 수월할 거예요. 수능 지문이 평균 AR 9라고 하지만, 실제 영어 원서

▲ 리딩 레벨 6 이상의 책

를 다독으로 읽어서 AR 6점 정도만 되면 그 이후에는 학습을 통해 충분히 수능시험 대비 고득점이 가능합니다. 딸형(딸 유형) 영어 아이들은 이미 초등학교 졸업 시점에는 AR 5점 이상은 충분히 도달할 수 있어요. 아들형(아들 유형) 영어 아이들은 그 정도 수준은 이르지 못해도 중학교 때부터 시작되는 학습 영어를 충실히 따라가면 적어도 수능에서 영어가 발목 잡는 일은 없을 것입니다.

(딸형 아이들은 리딩 레벨 6~7점 이상의 책인 <Harry Potter>, <Percy Jackson> 시리즈, <The Chronicles of Narnia>●, <Twilight> 시리즈, <The Sisterhood of The Traveling Pants> 시리즈●, <Harriet The Spy> 시리즈, <To Kill a Mockingbird>●, <Wonder> 등을 읽습니다.)

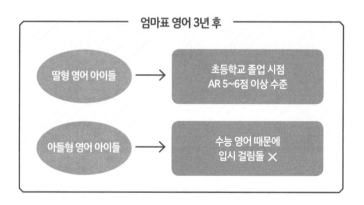

엄마표 영어 3년 후

딸형 영어 아이들 → 초등학교 졸업 시점 AR 5~6점 이상 수준

아들형 영어 아이들 → 수능 영어 때문에 입시 걸림돌 ✕

● 〈The Chronicles of Narnia〉: 〈나니아 연대기〉
　〈The Sisterhood of The Traveling Pants〉 시리즈: 〈청바지 돌려입기〉 시리즈
　〈To Kill a Mockingbird〉: 〈앵무새 죽이기〉

08

초등학교 고학년,
엄마표 영어가 끝나가는 시기

사춘기가 시작되면 영어 몰입 시간이 끝나간다?

엄마표 영어가 4년 차에 접어들자, 아이의 영어는 스스로 잘 굴러 갔습니다. 딸은 알아서 영화를 보고, 집중 듣기를 하며, 스피킹 연습을 하고, 쓰기까지 혼자 진행했습니다. 엄마인 저는 딸에게 맞는 책을 골라서 주문하는 일만 하고 있었지요.

그러던 어느 날, 집중 듣기를 하고 있는 딸의 방문을 열었을 때 깜짝 놀랐습니다. 아이가 CD를 큰 소리로 틀어놓고 침대에 누워 자고 있었습니다. 혼자서도 잘하고 있어서 크게 개입하지 않았고 엄마가 방에 들어오는 것을 싫어했기 때문에 간섭을 하지 않았는데, 아이는 언제부터인가 마음대로 했던 것입니다.

화가 나서 한참 혼을 냈는데, 아이의 눈빛이 심상치 않았습니다. 원망과 반항이 가득 담긴 딸의 눈빛에 저는 멈칫했고 조용히 입을 다물고 방에서 나왔습니다. 내성적이고 조용해서 몰랐는데, 딸에게 사춘기가 오고 있었습니다. 엄마가 하라는 게 그냥 싫었을 테지요. 엄마의 손을 타지 않고 영어는 굴러가고 있었지만, 이젠 정말 엄마가 이래라저래라 할 수 없는 때가 왔다는 것을 알았습니다. 그때가 딱 초등학교 4학년이었습니다. 영어가 엄마 손을 떠나기 시작할 때가요.

아이가 꼭 사춘기가 아니더라도 매일 3시간씩 충실하게 3년을 채우면 그 후에 영어는 스스로 굴러갑니다. 엄마는 뭘 더 해 줄 것이 없습니다. 3년의 시간 동안 아이는 스스로 자기가 갈 길을 찾습니다. 빠른 아이뿐만 아니라 느린 아이도 마찬가지입니다.

그렇다고 엄마표 영어 3년이 끝나면 영어가 끝이라는 뜻이 아닙니다. 영어는 외국어여서 '끝'은 없습니다. 항상 언어 감각을 유지하기 위해서 하루에 20분 이상(시간이 나는 주말에는 영화 한 편 정도의 노출)은 꼭 들어야 합니다. 짬을 내서 영어책 읽기도 꾸준히 해야 하고 말하기 연습도 마찬가지입니다. 말하기 연습을 일주일 정도 거르면 부드럽게 말이 나오지 않습니다. 쓰기도 마찬가지입니다. 아이가 꾸준히 써야 하는 것은 당연합니다. 학년이 높아지고 시험 영어를 준비해야 할 시기에는 학습도 더욱 열심히 해야 합니다.

영어 몰입 3년 후 하루 20분 이상 소리 노출은 필수! 학습 영어는 별개의 로드맵으로 진행하자

엄마표 영어는 '습득' 영역에 속합니다. 시험을 치르는 이른바 '학습' 영역은 엄마표 영어에서 다루지 않는 것이 좋습니다. 기본적으로 닦여진 영어 그릇에 학습을 첨가하는 것은 10세 이후의 로드맵입니다. 엄마의 손을 일일이 타는 시간은 단 3년입니다. 엄마도 3년간을 온 에너지를 다해서 아이와 함께 그 시간을 보냈기 때문에 무언가 손을 떠난 허전한 느낌이 들게 됩니다.

아이가 초등학교 고학년이 되면 다른 과목을 공부하느라 바쁩니다. 특히 '수학'이라는 쉽지 않은 관문이 있습니다. 영어는 일찍 시작해서 초등학교를 졸업할 때쯤 완성해가는 느낌이라면, 수학은 초등학교 4학년부터 본격적으로 시작해서 고등학교 3학년이 되어 수능시험을 볼 때까지 가져가야 하는 과목이기 때문입니다. 그래서 요즘은 수학 공부 시간을 확보하기 위해서라도 초등학교를 졸업하기 전에 영어를 완성하려는 분위기가 강해지고 있습니다.

09

엄마표 영어가
입시에 도움이 되는 이유

절대로 밑지지 않는다!
적어도 귀는 트인다!

저는 딸과 아들을 모두 엄마표 영어로 키운 후 15년째 영어 학원을 운영하고 있습니다. 알파벳도 모르던 아이가 3년 정도 지나면 영어 소리에 귀가 열려서 알아듣고 영어로 말도 합니다. 이러한 아이들의 실력 향상을 항상 보고 있지만 볼 때마다 가슴이 뜁니다. 아이들 한 명 한 명 신기하고 새롭습니다. 생각해 보면 이것은 당연한 이치입니다. 3년 동안 영어 노출을 했는데, 귀가 열리지 않는 것이 더 신기할 정도입니다.

　부모를 따라 미국에 온 8세 아이를 생각해 볼까요? 이 아이는 미국 학교를 가야 합니다. 아이는 영어에 대해 아무것도 모른 채 무지막지하게 영어 소리 환경에 던져집니다. 처음에는 알아듣지도 못하고 힘들겠지만, 한 달이 가고 두 달이 가면 기본적인 말을 알아듣습니다. 6개월 정도 지나면 할 수 있는 말이 생깁니다. 1년이 지나면 듣고, 말하며, 책도 읽을 수 있습니다. 3년이 지나면 아이는 원어민과 의사소통에 아무 문제가 없습니다. 이 아이를 일일이 쫓아다니며 한글 해석을 해 주는 사람이 아무도 없는데도 말이지요. 물론 미국에서 3년간 영어에 노출되는 시간은 한국에서 인위적으로 만들어낸 영어 환경 3시간보다는 훨씬 더 많습니다. 하지만 8세부터 3년간의 영어 노출도 만만한 시간은 아닙니다. 따라서 아이의 언어적인 감각에 따라 정도의 차이는 있지만, 최소한 귀는 열립니다.

15년간 빅데이터 결과, 최소 (한국 학년으로) 중2 리딩 레벨 확보!

'3년의 시간을 들인 결과가 겨우 귀 열기라니!'라고 생각하면 정말 착각입니다. 귀가 열린다는 것은 영어 습득의 기본이자 마지막이라고 생각해도 될 정도로 매우 중요합니다. 귀가 열려야 말을 하고 책 읽기도 한결 수월해집니다. 책 읽기가 쉬워지면 쓰기도 진전됩니다.

이것이 바로 듣고, 말하고, 읽고, 쓰는 언어의 4대 영역이 듣기로 시작하는 이유입니다.

15년간 세상의 아이들을 만나면서 저는 제 아이들을 포함하여 다양한 아이들의 빅데이터를 갖게 되었습니다. 아이들이 귀와 입이 열려서 스피킹을 하게 되면 리딩 레벨은 최소 2점 후반부터 4점 이상까지 다양하게 갖게 됩니다. 리딩 레벨이 최소 2점 후반이라는 것은 정말 중요합니다. 지역에 따라 차이는 있지만, 우리나라 중학교 2학년 교과서가 보통 AR 2점대 레벨입니다. 8세에 시작해서 10세에 말을 하면 이 아이는 듣고, 말도 하며, 한국 학년으로 중2 정도의 리딩 레벨을 갖게 되는 것이니까요. 또한 이 리딩 레벨은 억지로 단어를 암기해서 갖는 레벨이 아니라 다청(多聽), 다독(多讀)을 통해 완성했기 때문에 더욱 의미가 있습니다. 아이에 따라서는 5점이나 6점이 넘는 리딩 레벨까지도 갖게 됩니다.

수능 영어는 걱정이 없었던 딸의 입시

딸은 중학교부터 고등학교까지 6년을 통틀어 3개월 정도 영어 학원을 다녔습니다. 중고등학교 내신 공부는 물론 수능 시험까지 혼자 준비해서 치렀습니다. 딸은 영어와 관련된 전공도 진지하게 생각했지만, 결국 디자인 관련 학과를 전공으로 선택했습니다. 생각해 보면 이상한 일이 아닙니다. 딸은 어릴 때 연필을 쥔 순간부터 그림과 만화를 그리는 등 항상 무엇인가를 열심히 그렸으니까요.

내성적인 딸이 고등학교 1학년 때 스스로 혼자서 입시 미술 학원을 탐방하고 상담해서 학원을 정했습니다. 디자인을 전공으로 선택하고 나니 대학교 입시 준비가 만만치 않았습니다. 디자인 대학교 입시는 '성적이 학교를 결정하고 실기가 합격을 좌우한다'라는 말이 있을 정도로 학업과 실기 모두 중요했습니다. 입시 미술을 뒤늦게 시작한 딸은 학교 수업이 끝나면 곧바로 미술 학원을 가야 했고, 방학이면 특강수업을 받으면서 아침 9시부터 밤 10시까지 하루종일 그림을 그려야 했습니다. 이렇게 입시 미술을 준비하다 보니 정작 학과를 공부할 시간이 많지 않았습니다. 디자인 입시는 영어가 상당히 중요한데, 딸은 영어를 걱정하지 않아도 되었습니다. 결과적으로 영어 공부에 투자하는 시간을 절약하게 되어 디자인 조형대의 빅3 중 하나의 대학 디자인과에 합격했습니다.

학습은 잊혀져도 습득은 잊혀지지 않는다

어려서 익힌 자전거 타는 방법을 몸이 기억하듯이 어린 시절 3년 동안 익힌 영어는 습득의 영역이므로 무의식적으로 뇌에 쌓여있습니다. 이러한 습득이 주는 효과는 생각보다 강력합니다. 엄청난 양의 듣기와 읽기로 영어 실력은 물론 수능 입시를 준비하는 과정에서도 긍정적인 효과를 발휘하니까요. 기본 실력도 단단해서 학년이 높아질수록 더욱 빛을 발합니다.

8세에 시작해서 10세까지 3년만 영어에 몰입해도 귀와 입이 열리면서 최소 리딩 레벨 2점 이상이라는 결과를 갖게 되는 엄마표 영어! 흔한 일은 아니지만 어떤 아이는 초등학교 6학년 여름에 이미 리딩 레벨 9.9까지 기록했습니다. 이렇게 리딩 레벨 9.9를 기록하는 아이는 드물지만, 리딩 레벨 5점대의 아이들은 많습니다. 리딩 레벨 5점이면 고등학교 모의고사 지문 정도의 수준인데, 초등학교 3~4학년 아이가 이 정도의 리딩 레벨을 갖게 되는 경우도 상당히 많습니다. AR 5점 정도 수준이 되면 엄마표 영어를 하지 않는 게 손해입니다. 영어 시험으로 아이들의 실력을 나누는 현실에서 리딩 레벨도 중요하지만, 아이들이 듣고 말할 수 있다는 것이 더 중요합니다. 수능 시험에서 모두 국어 1등급을 받지 못하듯이 영어에서도 모두 1등급을 받지 못합니다. 그렇다고 해도 이 아이들이 영어로 의사소통이 가능하다면 이보다 더 멋진 일이 있을까요?

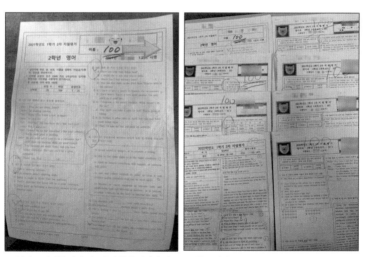

▲ 엄마표 영어를 하면 사교육의 힘을 빌리지 않고도 중학교에서 100점을 맞는 경우가 종종 있다.

둘째
마당

늦된 아들의 대반전! 국내파 영어, 미국 취업에 성공하다

10

딸과는 달랐던 아들의 영어는?

놀기만 1등, 초등학교 입학 전 한글도 다 못 뗀 아들

    학습 속도가 빨랐던 딸과는 달리 아들은 문자를 익히는 능력이 보통 아이보다 늦은 편에 속했습니다. 문자 능력도 많이 늦었지만, 학습 자체에도 별다른 흥미를 느끼지 못했습니다. 놀기는 동네에서 1 등이었지만, 학습 능력은 그렇지 않았기 때문에 세상에서 제일 쉬운 문자 중 하나인 한글을 8세까지 완벽하게 읽지 못했습니다. 그러다 보니 규칙보다는 예외가 더 많은 영어 읽기가 쉽지 않았습니다. 모국어 읽기도 버벅대는 둘째가 영어 읽기에서 고전하는 건 너무나 당연했습니다.

누나가 이미 6세에 읽었던 아놀드 로벨(Arnold Lobel)의 〈Frog and Toad〉 시리즈를 초등학교 4학년 때 겨우 읽었습니다. 이 시리즈는 사실 아들이 수십 번도 더 듣기를 했던 책입니다. 혼자서도 들었고, 엄마와 나란히 누워서도 들었으며, 수없이 읽어주기도 했습니다. 지금도 둘이 나란히 엎드려서 듣던 작가의 목소리와 효과 음악이 아련하게 떠오릅니다. 아들은 눈을 반짝이면서 듣기는 했지만, 읽을 생각은 하지 않았습니다.

▲ 아놀드 로벨(Arnold Lobel)의 〈Frog and Toad〉 시리즈(YES24 검색 결과)

▲ 국내에 번역 출간된 〈개구리와 두꺼비〉 시리즈 (YES24 검색 결과)

"엄마, 나도 영어책 읽을 수 있어!"

초등학교 4학년이었던 그날도 아들 친구들이 우리 집으로 몰려와서 한바탕 놀고 있었습니다. 친구 한 명이 거실 책꽂이에 꽂혀 있는 〈Magic School Bus〉 책을 집어 들었습니다.

"와! 이 책은 우리 영어 학원에서 배우는 책이에요!"

이렇게 말하더니 책을 줄줄줄 읽었습니다.

"어머~ 영민이가 영어책을 잘 읽네, 영어 잘하는구나!"

이렇게 칭찬해 주었지만 속으로는 무척 부러웠습니다. 친구들이 돌아간 후 아들은 자기 방에 들어갔고 저는 혼자 소파에 앉아 있었는데, 제가 무심결에 깊은 한숨을 내쉬었나 봅니다. 그때 아들이 다시 나오더니

"엄마, 나도 영어책 읽을 수 있어!"

이렇게 말하고는 〈Frog and Toad〉 책을 들고 왔습니다. 책을 쫘아악 펼치더니 'The Letter'의 한 문장을 떠듬떠듬 읽어 내려갔습니다. 아들은 티를 내지는 않았지만, 자기 친구가 영어책 읽는 모습을 엄마가 부럽게 쳐다본 것을 눈치챘던 것입니다. 엄마를 기쁘게 하기 위해서 자기도 영어책을 읽을 수 있다는 것을 보여주었던 거지요.

그날 아들에게 참 미안했습니다. 그리고 아들은 그렇게 영어책을 읽기 시작했습니다. 물론 8세에 〈Frog and Toad〉 시리즈를 읽어버린 누나의 유창한 영어 실력의 절반도 따라가지 못하는 읽기 실력이었습니다.

11

늦된 아들에게
파닉스를 강요하지 않은 이유

잘 읽지 못해도 영어로 떠듬떠듬 말했던 아들

아들은 또래보다 읽기가 느려서 한글을 다 못 깨우치고 초등학교
에 입학했습니다. 저는 한글이 규칙적인 면에서는 세상에서 가장 예
외가 없고 가장 과학적인 문자라고 생각합니다. '가, 나, 다, 라, 마,
바, 사, 아'의 모든 글자에 ㄱ을 받침으로 하면 '각, 낙, 닥, 락, 막, 박,
삭, 악'처럼 똑같이 ㄱ이 적용되고 예외가 없습니다. 발음하는 소리
규칙도 똑같습니다. 물론 예외 규칙도 있지만, 예외 규칙은 영어가

훨씬 많습니다. 이렇게 쉬운 한글을 다 깨우치지 못한 채 초등학교에 입학한 아들이 영어 읽기가 느린 것은 너무나 당연했습니다. 물론 처음에는 엄마 욕심에 어떻게든 영어를 읽혀보려고 노력했습니다. 하지만 제 노력은 모두 허사였고 간단한 영어 단어 외에는 잘 읽지도 못했습니다. 아들이 초등학교 4학년 때 저는 생각했습니다.

'나도 중학교에 가서 처음 영어를 읽었는데 뭐, 애도 언젠가는 읽겠지!'

물론 제가 중학교 때 처음 영어를 배우고 읽은 것과 아들이 중학교에 가서 영어를 읽는 것 사이에는 엄청난 차이가 있습니다. 아들은 비록 읽기가 유창하지는 않아도 한글 자막이 없는 영화를 보면서 내용을 이해했고 원어민이 묻는 말도 곧잘 알아듣고 대답을 했습니다. 그런 아들의 영어에 저는 만족했습니다.

의외의 반전, 원어민 스피킹 테스트 점수가 높네?

아들이 초등학교 5학년 때 영어 학원에 친구들과 우르르 같이 가서 레벨 테스트를 받은 적이 있었습니다. 제법 영어를 잘하는 친구들과 함께 테스트를 보았는데, 아들은 원어민 스피킹 테스트에서 높은 점수를 받았습니다. 물론 읽기 점수는 아주 낮았고 쓰기 점수는 거의 빵점에 가까웠지만, 스피킹에서 높은 점수를 받는 것을 보고 저는 안도했습니다. 아들의 한글 쓰기가 초등학교 3학년이 지나면서 조금씩 좋아지고 있던 것을 떠올려보면 영어 쓰기가 빵점에 가까운 것은 너무도 당연한 결과입니다. 비록 영어 읽기도 힘들고 쓰기는 더 안 되지만, 듣고 말할 수 있는 것에 만족했습니다.

같이 갔던 엄마는 파닉스를 한 번 짚어주라면서 동네 유명한 과외 선생님을 소개해 주겠다고 했습니다. 저도 아들이 영어를 줄줄 읽기를 원했습니다. 하지만 이것은 그렇게 단순한 문제가 아니라고 생각했습니다.

아직 때가 오지 않았을 뿐이다

아들이 읽고 쓰지는 못해도 듣고 말을 할 수 있다는 것의 의미를 저는 잘 알고 있었습니다. 누나처럼 듣기도 잘하고, 읽기도 잘하며, 말하기도 잘하는 아이라면 결코 고민을 하지 않았을 테지요. 하지만 아들은 5세부터 재미있는 영화나 만화를 통해서 영어를 꾸준히 접하고 있었고 읽지는 못해도 영어책 듣기는 계속하고 있었습니다. 영어 문자에 계속 노출되어 있었지만, 아직 읽지 못할 뿐이었습니다.

아들의 영어 말하기를 들어보면 문장을 만들거나 우리말로 듣고 해석을 하는 것이 아니라 그냥 영화에서 수도 없이 보고 들은 소리를 말로 내뱉는 것이었습니다. 영어로 원어민이 질문하면 아들은 대답했고, 아들의 대답을 알아들은 원어민이 다시 질문하면 아들은 다시 대답하면서 그렇게 대화를 이어나간 것입니다.

이 아이에게 "이제 너는 읽기만 하면 모든 것이 완벽할 테니 본격적으로 발음 공부를 시작해라!"라고 해야 할까요? 모음 a는 어떤 소리가 나고, 이중 자음 th는 어떤 발음이 나는지 같이 따라 하면서 음가 공부를 하면 이제 제 아들은 듣고, 말하고, 읽기까지 다 되는 아이가 되는 것일까요? 결코 그렇지는 않았을 것입니다. 오히려 그렇게 밀어붙였으면 아들은 파닉스 공부를 하느라 영화 보기나 영어책 듣기 시간이 줄어들었을 것이고, 읽기 힘든 영어책을 읽어내느라 제 눈치를 보면서 끙끙거렸을 테지요. 그런 아이를 보면서 저도 화를 내지 말란 법이 없었고요. 중학교에 가서는 영어를 아예 싫어하게 되었을 수도 있고 고등학교 때는 마침내 영포자가 되었을지도 모릅니다. 그저 누나와 달리 영어를 받아들일 때가 오지 않은 것이므로 그때를 기다려야 한다는 믿음이 저에게 있었습니다. 물론 순간순간 제 마음이 흔들렸지만 말이지요.

'파닉스를 한 바퀴를 돌렸다, 두 바퀴를 돌렸다.'라는 말이 있습니다. 읽기가 쉽지 않은 아이들에게 계속 음가 공부를 시킬 때 이런 말을 합니다. 파닉스를 두 바퀴를 돌려도 읽지 못하는 아이에게 세 바퀴를 돌리면 유창하게 읽게 될까요? 그렇지 않습니다. 파닉스를 두 바퀴나 세 바퀴를 돌리려면 1년이 훌쩍 지나가 버립니다. 1년 동안 아이는 지겨운 음가 공부를 하지만 여전히 영어를 잘 읽지 못할 것입니다. 영어를 잘 읽지 못하다는 것보다 더 큰 문제는 음가 공부를 하느라 흘러가버린 1년이라는 시간입니다. 한창 언어 습득뇌를 만들어야 하는 그 황금 같은 1년의 시간은 누가 보상할까요? 정말 안타깝습니다.

문자가 느린
아들형 영어 아이들은 억울하다

아들형 영어 아이들이 학교에서 좌절하는 이유

아들형 영어 아이들의 이야기를 본격적으로 시작하기 전에 현실에서 이 아이들이 겪는 어려움과 소외감에 대해 먼저 이야기를 해 보겠습니다. 무심코 지날 수도 있지만, 문자가 느린 아이들이 겪는 어려움은 생각 이상으로 심각합니다.

문자를 익히는 속도가 느리고 말귀를 알아듣는 것이 더딘 아이들도 8세가 되면 초등학교에 갑니다. 아이들이 똑같은 나이에 초등학교에 입학하는 게 무언가 불합리하다고 생각해 본 적은 한 번도 없었습니다. 이것이 진리나 법칙도 아닌데, 사람들은 순순히 이 방침을 따르고 아이들을 초등학교에 보냅니다. 저의 경우 딸은 7세에, 아들은 8세에 초등학교에 보냈는데, 이제는 이것이 얼마나 불합리한지 잘 압니다.

학교는 문자로 하는 모든 활동의 집결지입니다. 교과서를 읽어야 하고, 글을 써야 하며, 시험을 치러야 합니다. 이 모든 것이 문자로 하는 활동입니다. 학교의 선생님들은 치열한 문자 학습의 경쟁을 뚫고 승리한 사람들입니다. 그들은 높은 수능 점수를 받고 커트라인이 높은 대학교에 입학합니다. 4년 내내 교육과 관련된 전공을 이수하고 '임용 고시'라는 또 한 번의 어려운 시험을 치릅니다. 선생님들은 이 모든 관문을 통과한 사람들입니다. 아이들의 인성과 지성을 담당해야 하므로 이렇게 어려운 관문을 거치는 것이 너무도 당연합니다.

선생님도 문자가 느린 아이를 이해하기 힘들다?

문제는 선생님들이 문자 학습이 느린 아이들을 이해하지 못할 수도 있다는 것입니다. (물론 모든 선생님이 다 그렇지는 않습니다.) 학급당 학생 수가 많다 보니 과제를 수행하고 다음 단계로 이동해야 할 때는 행동이 느리거나 이해력이 떨어져서 따라가지 못하는 아이들이 생기기 마련입니다. 이럴 때 선생님들은 학급의 모든 아이들을 관리해야 하는 입장이어서 곤란함을 느낄 수 있습니다. 이 부분은 분명히 선생님의 잘못이 아니지만, 그렇다고 느린 아이들의 잘못도 아닙니다. 그런데 그 결과가 늘 아이들에게 좋지 않은 영향을 미치는 것이 문제입니다. 아이들이 태어나서 처음 만나는 공식적인 사회인 학교에서 느린 아이들이 처하는 상황에 대해 어느 누구도 주목하지 않고 그것을 모두 개별적인 학생과 부모의 책임으로 돌리는 것이 과연 옳은 것일까요?

초등학교 입학 후 학교에서 등짝을 맞고 온 아들

아들은 즐겁고 행복한 아이였습니다. 물론 학습이 느린 아이였지만, 이것 때문에 제 아이가 불행하지는 않았습니다. 초등학교에 입학하기 전에는 늘 동네 친구들과 함께 집 근처에 있는 풀밭이나 오래된 나무들 사이를 돌아다녔습니다. 그곳에서 만나는 하늘소와 온갖 풍뎅이들, 쌍살벌과 꽃무지, 매미, 콩벌레와 송충이가 마냥 신기했습니다. 근처의 야트막한 산에서 애사슴벌레를 만나며 행복해했고 연두색의 작고 귀여운 산개구리가 신기하고 멋졌습니다. 모든 곤충의 짝짓기가 끝나고 들판의 여름도 끝나면 사마귀의 알집을 가져와서 베란다 화분에 꽂아두곤 했습니다. 이듬해 봄, 베란다를 청소하다가 저는 연두색의 작은 사마귀 한 무더기를 보고 기함했지요.

이런 아들은 학교 가는 날을 고대했습니다. 학교는 신나고, 설레며, 재미있는 곳이라고 생각했는데, 입학한 지 두 달이 채 지나기도 전에 아들은 눈에 띄게 시무룩해졌습니다. 하루는 몹시 억울하고 화가 나서 집에 돌아왔습니다. 이유를 물으니 선생님이 자기 등짝을 때렸다는 것입니다. 저는 제 귀를 의심하면서 이유를 물었습니다. 아들은 자기가 알림장을 빨리 쓰지 못해서라고 했습니다. 다른 아이들은 칠판의 알림장 내용을 다 쓰고 하교했는데, 아들만 못 쓰고 어물어물했더니 선생님은 빨리 쓰고 가라면서 아들의 등짝을 친 것이지요. 아들은 자기가 잘못한 일이 없는데도 등짝을 맞은 것이 너무 억울하다고 했습니다. 그날 맞은 등짝이 벌써 두 번째란 이야기를 듣고 저는 피가 거꾸로 솟는듯했습니다.

동시에 난생 처음 풀 수 없는 큰 문제를 만난 것 같았습니다. 아들에게 왜 알림장을 빨리 쓰지 못했는지 물었습니다. 이야기 끝에 아들이 아직 한글을 제대로 읽지 못했고 쓰기는 더 힘들어한다는 것을 알게 되었습니다. 입학하기 전에 한글을 챙기지 못한 제 자신을 자책하면서 죄책감에 잠을 이루지 못했습니다.

세상에 이렇게 무딘 엄마가 어디 있을까요? 아이가 아직 제대로 한글을 읽지 못한다는 것을 엄마가 몰랐다니……. 이건 아니라는 생각이 들었지만, 어쨌든 이 일을 해결해야 했습니다. 하지만 이상했습니다. 아들은 분명 학교에 입학하기 전에 책을 들고 들판을 쏘다녔는데 글을 읽지 못한다니요?

밤새 이슬에 젖은 <하늘소> 책

아들이 유치원을 다니던 7세 어느 날 아침, 아이를 데려다주고 집으로 돌아오는 길에 플라타너스 밑에 놓여있는 <하늘소> 책을 발견한 적이 있었습니다. 그 책은 분명 아들의 책이었습니다. 요 며칠 동안 아들은 친구와 함께 그 책을 들고다니면서 집 뒤쪽의 한갓진 오솔길에서 알락하늘소를 잡았습니다. 제가 <하늘소> 책을 발견했던 전날도 알락하늘소를 들여다보면서 놀다가 책을 그냥 두고 온 모양이었습니다. 저는 밤새 이슬을 맞아서 쭈글쭈글해진 책을 들고 집으로 들어왔습니다.

글자를 못 읽는 아이가 책은 왜 들고 다녔을까요? 아이를 앉혀놓고 책을 읽혀보니 받침이 복잡한 한글을 잘 읽지 못했습니다. 다만 숫자는 읽을 수 있었기 때문에 책에 있는 다양한 하늘소의 사진과 길이를 나타내는 숫자를 읽으며 온갖 하늘소의 길이와 크기를 비교하면서 신기해했던 것입니다. 책의 내용을 숫자나 그림, 사진으로 이해했던 것이지요. 글자를 완벽하게 읽지 못했지만 세상의 모든 하늘소를 이해하기에는 부족함이 없었습니다. 읽기도 느리고 쓰기는 더욱 느려도 이런 행복감을 누리는 아이였습니다. 이런 아이에게 알림장을 빨리 쓰지 못한다는 이유로 두 번이나 등짝을 때린 그 선생님이 정말 미웠습니다. 물론 지금은 선생님의 입장을 충분히 이해하지만 말입니다.

13

아들형 영어 아이들이
영어에 소외되지 않으려면?

심리 상담 결과를 듣고 안도하다

아들의 정확한 상태를 알기 위해서 학습과 심리 상담을 병행하는 곳에서 검사를 해 보았습니다. 이때가 아들이 초등학교에 입학하고 두 달 정도 지난 5월 초였는데, 검사 결과를 듣고 저는 안심했습니다. 상담 선생님의 총평은 이러했습니다.

"아드님은 문자 인지 능력이 또래보다 느리고 8세에 알아야 하는 어휘력도 많이 부족한 편이지만, 다른 영역에서는 전혀 부족한 부분이 없습니다."

흔히 문자를 이해하는 능력이 느려서 학습이 느린 아이들은 혼나거나 무시당하는 경우가 많아서 정서적으로 위축되어 자존감도 낮아집니다. 이러한 이유 때문에 학습 능력이 떨어지고 이것이 또 정서적인 부분과 연결되어 자신감까지 떨어지는 빈곤의 악순환을 만들게 됩니다.

다행히 아들은 정서적인 부분에서는 문제가 없었습니다. 상담 선생님은 주 1회 상담과 놀이 치료를 권했습니다. 정서적으로 위축되지 않아서 예후가 아주 좋을 거라며 밝게 웃으셨는데, 저는 그 웃음에 힘을 얻었습니다. 아들은 3년 정도 상담을 받고 놀이 치료를 했습니다. 그리고 한글을 제대로 읽어내는 훈련을 저와 같이 했습니다. 어려서부터 해왔던 잠들기 전 동화책 읽어주기를 계속했고 교과서도 같이 읽었습니다. 아들의 읽기는 조금씩 나아졌습니다. 학교에서 치르는 받아쓰기는 늘 60점을 넘지 못했지만, 저는 문제 삼지 않았습니다.

아들에게 동화책을 읽어주면 아들의 눈은 늘 그림에 머물러 있었습니다. 글을 읽는 아이라면 눈이 그림 밑에 있는 글자로 내려와 있어야 하는데, 둘째는 그림에만 눈이 가 있었습니다. 아이가 아직 충분히 읽을 준비가 되지 않았다는 것을 저는 누구보다 잘 알았습니다. 억지로 그 눈을 글자로 내려오게 할 수는 없었던 것이지요. 아들이 학교에서 혼이 나거나 선생님이 답답해할 것을 생각하면 속이 많이 상했습니다. 하지만 아이가 풀이 죽고 자존감이 떨어지는 것을 원치 않았습니다. 당시 아들과 관련된 책을 여러 권 읽었습니다. 지금은 책 이름이 기억나지 않지만, 그중 한 심리학자는 여학생과 남학생의 학교 입학 시기를 다르게 해야 한다고 주장하기도 했습니다.

속상할 땐 베개를 마음껏 때리렴!

저는 문자 읽기에 능했습니다. 그래서 저는 오빠들 사이에서 어깨 너머로 아주 일찍 한글을 깨우쳤고 제 딸도 만 세 돌이 되기 전에 한글을 혼자 읽었습니다. 아들이 8세가 되도록 한글을 완벽하게 읽지 못한다는 게 처음에는 이해가 되지 않았습니다. 이러한 아들의 상황을 받아들이기도 힘들었지만, 그것은 현실이었습니다.

아들이 학교 선생님께 혼이 나서 억울해하면 슬며시 베개를 하나 내어주고는 화가 풀릴 때까지 마음껏 두드리라고 했습니다. 어른이 항상 옳은 것은 아닙니다. 어른이 옳지 않은 행동을 했을 때 아이들이 무조건 참아야 하는 것도 아니고요. 아이의 억울함을 어떻게든 풀어주고 싶었습니다. 베개를 치는 행동은 분노와 억울함을 풀게 해 주는 의식 같은 것이었어요.

시간이 좀 더 필요했을 뿐 느린 아이들도 결국 다 한글을 읽습니다. 한글을 영원히 못 읽는 아이는 없습니다. 결국 다 읽을 것인데, 못 읽는 동안 아이를 문제아 취급하는 태도가 문제입니다. 이러한 태도 때문에 아이의 정서에 문제가 생기고 자존감이 떨어지면 그건 정말 심각한 문제가 됩니다. 결국 한글은 읽겠지만, 떨어진 자존감을 회복하는 데는 오랜 시간이 걸리기 때문입니다. 또한 글 읽는 능력이 느리다고 책이 주는 기쁨을 누리지 못하는 것도 아닙니다. 오히려 문자를 빨리 깨우쳐도 책이 주는 즐거움과 행복을 모르는 사람들도 많습니다.

아들이 책을 거부하고 다른 아이들이 알고 있는 지식과 독서의 즐거움을 모르게 될까봐 두려워서 중학생이 될 때까지 밤마다 아들 방에 들어가서 책을 읽어주곤 했습니다. 아들에게 〈모비딕〉을 읽어주었을 때 이야기에 심취해서 눈을 반짝이며 듣고 있던 아이의 얼굴이 지금도 생각납니다.

아이의 자존감을 지켜주는 엄마표 영어

문자가 느린 아이들의 영어 이야기를 하다가 한글이 늦었던 아들의 이야기를 한 것은, 영어는 한글보다 읽기가 훨씬 더 어렵고 복잡하기 때문입니다. 한글이 느린 아이는 제 아들뿐만이 아닙니다. 세상 아이들의 절반 이상이 문자를 느리게 깨우칩니다. 남자 아이들뿐만 아니라 여자 아이들도 느린 아이들이 많습니다. 문자가 느린 아이들이 영어 학습에서 얼마나 소외되는지에 대해 이야기를 하려다 보니 먼저 장황하게 한글 관련 이야기를 했습니다.

엄마표 영어가 요즘처럼 책 읽기 광풍으로 몰아치는 분위기 속에서 문자가 느린 아이들의 영어는 설 자리가 없습니다. 엄마표 영어는 내 아이에 맞게 가는 것이 기본 취지인데, 아이의 성향이나 강점은 무시하고 어느 정도 듣기가 끝나면 읽기로 몰아갑니다. 문자가 느린 아이들은 다그친다고 읽기가 빨라지지 않습니다. 하지만 문자가 느린 아이들도 듣고 말하기에 더 집중하면 그 한계를 넘어설 수 있습니다. 본래 영어는 문자이기 이전에 언어입니다. 모든 사람은 언어를 듣고 말할 수 있는 능력을 타고납니다. 그러므로 읽기보다 말하기에 더 집중해야 하는 것이 당연합니다.

말하는 영어에 대한 욕망으로 엄마표 영어를 시작했는데 영어책 읽기에만 매진한다면 현실적으로 20%는 성공해도 80%는 실패하는 결과를 만들어낼 수밖에 없습니다. 이러한 책 읽기 광풍 속에서 잠시 멈추고 내 아이를 차분히 보아야 합니다. 내 아이가 느린 영어 아이에 속하는지, 빠른 영어 아이에 속하는 잘 살펴보세요.

여러분들에게 묻습니다. 당신의 아이는 몇 살에 한글을 깨우쳤나요? 우리나라 아이들이니 한글쯤이야 누구나 별 어려움 없이 잘 읽을 거라고 생각하지만, 자세히 들여다보면 각양각색입니다. 내 아이가 한글을 어떻게 깨우쳤는지, 깨우치고 나서 책 읽기는 어땠는지, 읽으면서 이해도는 어땠지, 읽기를 즐겼는지 등은 엄마가 잘 알고 있습니다. 이것을 정확하게 아는 것이 내 아이의 영어를 시작하는 첫걸음입니다.

만약 아이가 다음의 내용 중 3. 이후에 해당된다면 영어를 배울 때 아들형 영어 아이들의 모습을 보일 확률이 높습니다. 아들형 영어 아이들은 영어 학습 과정 중에 많은 장애물을 만나게 되고 문자 학습에 약점을 보일 수 있습니다. 하지만 상대적으로 쉽게 습득할 수 있는 듣고 말하기에 집중한다면 결코 영어 학습에서 실패하지 않습니다. 강점을 살리면서 약점을 보완하는 영어를 하는 것이 아들형 영어 아이들의 성공 열쇠입니다.

| 아이가 한글을 깨우친 나이는? |

1. "다섯 살인가? 동화책을 읽어주었을 뿐인데 혼자 읽더라고요."
2. "어린이집에서 한글 수업을 조금 받았던 것 같은데, 한글을 읽기 시작했어요."
3. "그렇게 빠른 편은 아니었지만, 6세 말쯤에 학습지를 시켰더니 쉽게 읽기 시작했어요."
4. "일곱 살에 학습지를 시켰는데, 혼자 한글을 다 읽는 데 오래 걸렸어요."
5. "학교 들어가기 전에 한글은 깨우쳐야 할 것 같아 학습지를 시켰는데, 지금도 읽기가 서툰 것 같아요."
6. "받침 있는 글자를 읽기 힘들어 하고 쓰기는 정말 심각해요. 벌써 3학년인데 큰 걱정입니다."

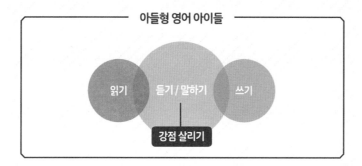

14

중3 아들이
공부 욕심을 내기 시작하다

A4 용지에 빼곡히 적혀 있는 아들의 영어

공부에는 전혀 관심도 없었고, 잘하지도 못했던 아들이 고등학교 입학을 앞둔 중3 겨울방학 때부터 갑자기 공부에 욕심을 내기 시작했습니다. 실컷 놀고 나니 철도 좀 들었고 이제는 대학교에 가야 한다는 절박한 숙제가 눈앞에 떨어진 것입니다. 아들도 아마 번듯한 대학교에 가고 싶었을 것입니다. 그래서인지 고등학교 입학을 앞두고 갑자기 공부에 부쩍 욕심을 내기 시작했습니다.

고등학교 1학년 1학기의 어느 날 아들의 방을 치우다가 접혀져 있는 A4 용지를 펴보고 깜짝 놀랐습니다. 좋은 필체는 아니었지만, A4 용지에 영어가 한가득 적혀 있었습니다. 이제는 잘 기억나지 않지만, 'Dear folks'로 시작하는 문장이었고 영어 문장이 빽빽하게 쓰여 있었습니다. 물론 문법적으로 맞지 않는 문장이 훨씬 많았지만, 무슨 말을 하려는지 알 수 있었습니다. 서툰 글씨체를 보면 분명 아들의 글이었습니다. 저는 너무 의아했습니다.

'이렇게 영어를 잘 썼나? 자기 하고 싶은 말을 이렇게 영어로 표현할 수 있다고? 그것도 말하기가 아닌 쓰기로?'

야간 자율학습까지 마치고 밤늦게 집에 온 아들에게 물어보니 자기가 쓴 게 맞다면서 교내 영어 말하기 대회에 나가려고 원고를 써보았다는 것입니다. 영어 말하기 대회에 나가려고 했다는 말도 놀라운데, 자신이 직접 영어를 썼다는 말에 더욱 깜짝 놀랐습니다.

"말하는 대로 썼어. 그런데 스펠링은 잘 모르겠어!"

고등학생이 된 후 원하는 대학교에 가고 싶었던 아들은 학교 활동을 열심히 했습니다. 학습 효율을 높일 수 있는 책상을 직접 디자인하고 보드지로 모형을 만들어서 참가한 〈경기도 학생 발명 대회〉에서 수상도 했습니다. 놀기만 했던 중학교 때와는 너무 달라져서 내심 기뻐했지만, 영어 말하기 대회까지 나가려고 했던 것은 몰랐습니다. 중3 때까지도 아들의 단어장에서 발음하기 어려운 영어 단어 밑에는 한글로 발음을 일일이 적어주곤 했을 정도로 아들은 읽기를 힘들어했습니다. 하지만 영어를 한바닥 이상 쓴 걸 보니 마음이 울컥했습니다.

"제법 잘 썼네. 어떻게 이렇게 잘 썼지?"

제가 묻자 아이는 당연한 걸 왜 묻느냐는 말투로 심드렁하게 대답했습니다.

"말하는 대로 썼어. 그런데 스펠링을 잘 모르겠어!"

그렇습니다! 말하는 것을 글로 옮기는 것이 글쓰기의 시작입니다. 물론 초고를 쓰고 나면 문법에 맞게 고쳐야 하고, 스펠링도 맞게 써야 하며, 글의 구성도 다듬어야 합니다. 하지만 글쓰기의 시작은 자기의 생각을 말로 표현하듯이 글로 써내려가는 것입니다. 아들은 아쉽게도 다른 일정과 겹치면서 영어 말하기 대회는 참가하지 못했지만, 아들이 쓴 초고를 보고 저는 희망을 갖게 되었습니다.

15

엄마표 영어,
수능 공부를 도와준 1등 공신

뒤늦게 공부에 발동이 걸린 아들, 하지만 따라잡기 힘든 간극

지금도 뒤늦게 공부를 해 보겠다는 아들의 동기가 무엇이었는지 잘 모르겠습니다. 처음에는 좋은 대학교를 가고 싶다고 말해서 아들의 결심이 얼마나 갈까 의심스러웠지만, 공부를 하겠다는 말만이라도 너무 반가웠습니다. 하지만 고등학교 3년과 재수를 하는 1년간은 지면으로 담기 어려울 정도로 무척 힘든 여정이었습니다. 공부 습관이 안 잡힌 아들은 고2 때까지 자신과의 싸움에서 고군분투했습니다.

운동도 '체력'이 있어야 하듯이 공부도 '공부력'이 있어야 합니다. 어려서부터 공부 습관, 즉 공부력이 다져진 아이들과 똑같이 입시 선상에 선 아들은 고1이 되어서야 공부의 기본기를 잡기 시작했습니다. 이것은 책상 앞에 10분도 앉아있기 힘들었던 아들에게 쉽지 않은 일이었습니다. 첫 수능 성적표를 받아들고 말없이 조용히 찢어버리고는 가족들에게 말했습니다. 수시는 해 보겠지만 정시는 안 하고 바로 재수를 하겠다고요. 결국 수시 여섯 장의 카드가 모두 날아갔고 이렇게 허망하게 수시 입시가 끝났습니다.

당시 아들의 몸무게는 거의 100kg에 육박했는데, 수시가 끝나자마자 운동부터 시작했습니다. 아들은 이런 몸으로는 재수하기 힘드니 살부터 빼야겠다고 말했습니다. 저는 다이어트 식단을 열심히 챙겼고 아들은 하루도 빠지지 않고 운동했습니다. 3개월 동안 30kg을 감량한 후 3월부터 재수 학원에 등록했습니다. 재수를 하는 동안 단 한 번도 아이를 아침에 깨운 적도, 잔소리를 한 적도 없었습니다. 생각만큼 모의고사 성적이 나오지 않는 날에는 엄마에게 하소연하고 스스로 자존감이 떨어져서 괴로워했지만, 다음 날 홀홀 털고 일어나 다시 학원에 갔습니다. 그 뒷모습을 보면서 마음이 너무 아팠습니다. 대학교가 정말 중요할까요? 적성에 맞는 학과에 갈 수만 있다면 어디라도 무슨 상관일까요? 아이의 애처로운 뒷모습을 바라보면서 마음이 너무 아팠습니다.

3년간의 엄마표 영어, 수학 공부 시간 확보에 도움이 되다

당시 아이의 목표는 오직 수학에 있었습니다. 하지만 뒤늦게 공부를 시작한 만큼 수학은 쉽지 않았습니다. 그럴수록 더 잘하고 싶다는 갈증이 생겨서 더욱 전력으로 매달렸습니다. 영어는 어땠을까요? 수학에 목을 매느라 영어는 들여다볼 시간이 없었습니다. 그래도 영어 점수는 곧잘 나왔습니다. 어렸을 때 3년간의 영어 몰입 시간이 없었다면 수학에 몰두하기는 힘들었을 것입니다.

결국 아이는 재수 후 수능에서 자연 계열 수학 100점을 받았습니다. 수능 만점을 받았거나 SKY에 합격했다는 화려한 이야기는 아닙니다. 하지만 보통의 아이가 자신의 한계를 깨고 자신이 목표로 했던 수학에서 100점을 받은 과정은 엄마인 제가 가장 잘 압니다. 뛰어난 아이가 100점 맞는 것도 감동입니다. 하지만 평범한 아이가 뒤늦게 스스로 목표를 세우고 이를 위해 걸어가는 과정도 감동입니다.

결과에만 관심이 있다면 이런 과정이 묻히는 이야기지만, 엄마는 이 모든 과정을 함께 했기 때문에 아이가 이룬 성취가 얼마나 소중한 것인지 압니다. 게다가 더 중요한 것은 아이 스스로의 성취감입니다. 목표한 것을 이루어나가는 것, 그것이 무엇이든 원하고 노력하면 이룰 수 있다는 경험은 인생에서 가장 중요합니다. 그리고 이러한 경험은 천금을 주어도 얻기 힘든 것입니다.

언어 감각이 부족한 아들의 3년간 영어 연차표

다음은 언어 감각이 느렸던 아들과 함께 3년간 실천했던 엄마표 영어 연차표입니다. 딸과 비교했을 때 1년 늦게 원서 읽기 독립이 시작되었고, 3년 차가 되어서야 겨우 연따를 시작할 수 있었습니다. 이와 같이 아이들마다 영어의 속도는 모두 다릅니다(딸형 영어 아이들을 위한 7~10세 나이별 연차표는 62쪽 참고).

	터 잡기(7세)	1년 차(8세)	2년 차(9세)	3년 차(10세)	최종 목표
영화 보기		150분	120분	120분	원어민의 말 알아듣기
듣기	영화 보기 1시간 이상	원서 듣기 10분에서 시작해서 30분까지 늘리기	• 원서 듣기 (20분) • 그림 영영 사전 듣기 (10분)	원서 듣기 (30분)	• 리딩 레벨 2~3점 이상의 소설책 듣기 • 관심 있는 다양한 주제 듣기
읽기			도움 읽기 시작	• 읽기 독립 • 1,000권 읽기	리딩 레벨 2점 이상 도달하기
쓰기				딕테이션• 또는 보고 쓰기 (많이 들었던 영영사전으로)	리딩 레벨 1점대 문장 딕테이션
말하기				연따 연습 시작	원어민과 자연스럽게 일상 대화하기
선택 사항					간단한 리딩 학습서

● 딕테이션(dictation): 받아쓰기, 구술

104

아들의 미국 실리콘밸리 면접을 앞두고
: "너 영어 어떻게 배웠니?" :

듣고 말하기에 최적화된 아들의 영어

아들은 대학교 4학년이 되자 공모전에 나가서 상을 받기도 하고 해외 인턴십에 지원하기도 하면서 바쁜 시간을 보냈습니다. 그러다 가 미국 실리콘밸리의 한 스타트업 회사에 인턴 지원을 하고 포트폴 리오가 통과되면서 면접을 앞두게 되었습니다. 현지에 있는 멘토와 모의 면접을 보게 되었는데, 코로나 상황이어서 줌으로 진행되었습 니다. 저는 아들의 방문에 귀를 붙이고 면접 내용을 듣고 있었습니다. 내용까지는 들리지 않았지만 아들의 크고 밝은 목소리가 방 안 가득 울려 퍼졌습니다. 거의 1시간 정도 영어로 모의 면접이 진행되었는데, 중간중간에 웃음도 터지면서 즐거운 표정과 생기가 느껴졌습니다. 멘토와 모의 면접이 끝나고 방에서 나온 아들의 얼굴이 밝았습니다. 멘토가 정말 대단한 사람이고 자기는 그 사람처럼 되고 싶다고 했습니다. 저는 그것보다도 아들의 영어 말하기가 너무 궁금했습니다.

"어때, 말은 잘 통했어? 힘들지 않았어?"

"응. 당연히 잘했지. 잘 알아듣고 다 대답했어."

"그래?"

"그런데 멘토가 나더러 너의 영어가 'typical' 하지 않다네. 영어를 어떻게 배웠냐고 하던데?"

"그래? 그래서 뭐라고 했어?"

"어려서부터 엄마가 영화를 정말 많이 보여주었고 관심 있는 분야의 영어 유튜브도 많이 보았다고 했지."

멘토는 한국의 명문대 출신 학생들과도 모의 면접을 많이 진행해 보았는데, 그들의 영어는 짧고 질문이 없어서 면접을 진행하기가 쉽지 않았다고 합니다. 질문이 쏟아져야 하는데 질문이 없어서 오히려 질문자가 자신이 되는 경우가 많았고, 막상 질문하면 대부분의 학생들이 "Yes!"나 "Nope!"라고만 대답했다고 합니다. 하지만 아들은 궁금한 것이 많아서 질문도 많이 했고, 그 질문을 문장으로 바로 내뱉었다네요. 이 때문에 멘토는 아들이 자신감 있는 영어를 한다는 느낌을 받았다고 하면서 긴 시간이었는데도 대화가 즐거웠다는 피드백까지 아들에게 전달해 주었습니다.

아들의 영어는 영화 보기가 전부였을 뿐인데…

멘토의 긍정적인 피드백을 받은 아들의 영어는 영화 보기(흘려듣기)가 전부였다고 해도 과언이 아닙니다. 물론 영어책 듣기(집중 듣기)도 했지만, 하루 20분을 넘은 적이 없습니다. 어쩌면 "이게 다야?"라는 생각이 들 수도 있지만, 이 모든 것은 사실입니다.

아들은 문자가 너무 느린 아이여서 책을 많이 읽힐 수가 없었습니다. 문자 감각이 느린 아이들에게는 책을 읽게 하는 것 자체가 고역입니다. 아이도 힘들고 엄마도 힘듭니다. 아들의 영어는 듣고, 말하고, 읽고, 쓰는 누나의 영어와는 달리 듣고 말하는 영어입니다. 저는 아이의 능력에 맞게 자연스럽게 영어 학습을 진행했습니다. 이렇게 자연스럽게 진행했기 때문에 아이의 기를 살리면서 성취감이나 동기도 죽이지 않을 수 있었습니다. 아무리 영어 글쓰기를 잘하는 아이여도 모든 아이가 영어 말하기 대회에 나가려고 초고를 쓰지는 않습니다. 영어 말하기 대회에 나가려면 우선 나가려는 동기가 있어야 합니다. 그리고 동기가 있어야 자발적으로 움직입니다.

영어가 걸림돌이 안 되어 정말 다행이야

아들은 명문대를 졸업한 것은 아니지만, 자신의 꿈을 펼치는데 우리나라나 미국 등에 제약을 두지 않았습니다. 원하는 것이 미국에 있었기 때문에 지원했고 원하는 카드를 얻었습니다. 물론 아들보다 영어를 훨씬 더 잘하는 젊은이들이 많을 것입니다. 평범하고 느린 아이였던 아들은 원하는 것이 있었고 그것을 얻기 위한 영어 실력을 갖고 있었습니다. 비록 많은 책을 읽지는 않았지만, 면접관의 말을 알아듣고 자신의 의견을 말했으며, 시험에 통과해서 원하는 것을 갖게 되었습니다. 아들이 원하는 곳으로 향했을 때 영어가 방해물이 되지 않았고 오히려 날개가 되었다고 생각하니 더 바랄 것이 없었습니다. 물론 독해, 문법, 단어 암기 시험으로 평가되는 읽기, 쓰기 실력까지 모두 갖추면 더 좋았겠지요. 하지만 아들은 그런 아이는 아니었습니다. 아들에게 영어는 목표가 아니었고 도구였던 셈입니다.

만약 제게 '듣고 말하기'와 '읽고 쓰기' 중에서 어떤 영어 능력을 원하냐고 묻는다면 저는 지금도 주저 없이 '듣고 말하는' 영어를 선택할 것입니다. 아들은 대학교 4학년 때 동기와 목표가 있었습니다. 그 목표를 위해 국제 인턴십을 알아보았고, 필요한 서류를 스스로 작성했으며, 원어민과의 인터뷰 시험에 통과했습니다. 그래서 결국 미국 실리콘밸리의 스타트업 회사에서 인턴십을 하며 자신이 원하는 일을 갖게 되었습니다. 이것의 근간에는 듣고 말할 수 있는 영어가 절대적으로 큰 힘이 되었습니다.

영어는
나만의 강력한 무기가 될 수 있다

아이에 대한 믿음은 전적으로 엄마의 몫이다

세 아들을 모두 서울대에 보낸 여성학자 박혜란의 〈믿는 만큼 자라는 아이들〉이라는 책이 있습니다. 책제목처럼 아이들은 믿는 만큼 자라는 걸까요? 맞습니다. 아이들은 믿는 만큼 자랍니다. 하지만 이 믿음이라는 것이 쉽지 않습니다. 아이가 하는 '꼬라지'를 보면 믿을 수가 없다고 엄마들은 한탄합니다. 하지만 믿을 수 '있는' 것을 믿는 것은 믿음이 아닙니다. 믿음은 믿을 수 '없는' 것을 믿고 보이지 않는 것을 믿는 것입니다.

꼬라지가 좋은 아이들, 떡잎부터 창창한 아이들을 믿는 것은 쉽습니다. 하지만 떡잎이 창창한 아이도 조금만 실수하면 믿음이 와르르 무너집니다. 결국 믿음을 갖지 못하는 것은 아이의 탓이 아닙니다. 믿음은 전적으로 믿는 사람, 즉 엄마의 몫입니다. 무조건 아이를 믿어야 합니다. 지금은 애벌레처럼 눈도 못 뜨고 기어 다니지만, 이 애벌레가 자라서 허물을 여러 차례 벗고 멋진 나비가 된다는 것을 믿어야 합니다.

하와이의 파도 위에서 느긋함을 즐기는 아들

"엄마, 하와이 날씨가 너무 좋아요! 오늘 와이키키 해변에서 서핑보드를 처음 탔는데, 세 번이나 파도 위에 서 있었어요. 기분 최고예요!"

얼마 전 아들과 보이스톡을 했을 때 아이가 들려준 말입니다. 아들은 작년 10월부터 미국 실리콘밸리의 스타트업 회사에서 국제 인턴십에 참여했는데, 인턴십을 마치고 한 달간 미국을 여행하고 돌아온다고 통보했습니다. 언제부터인가 아들은 자신의 일은 스스로 알아보고 결정하는 인생을 살아가고 있습니다. 이 과정에서 많은 이야기를 나누지만, 아들의 이야기가 무슨 말인지 모를 때가 더 많습니다. 중학교 때까지는 주로 제가 설명하면서 아들을 이해시켰는데, 고등학교 때부터는 주로 듣는 입장이 되었습니다. 게다가 아들의 대학교 전공은 제가 아는 분야가 아니었습니다. 아들의 말을 들으며 저는 그냥 "그래그래" 하면서 고개를 끄덕여줄 뿐이지요.

코로나가 덮쳤던 2020년에 대학교 3학년이었던 아들은 여름방학 동안 자동차 자율 주행 도시로 특화되어 있다는 경기도 화성에서 주말을 보냈습니다. 아들이 속한 동아리팀이 〈국제 대학생 창작 자동차 경진 대회〉에 참가했기 때문입니다. 동아리에 속한 아들은 대회를 준비하느라 화성의 뜨거운 도로 위에서 많은 땀을 흘렸습니다. 자신들이 만든 모형 자동차에 AI 자율 주행 프로그램을 입력한 후 정해진 거리와 허들을 넘도록 주행 연습을 시켰습니다. 그해 여름은 또 얼마나 뜨거웠는지요. 팀원 중 한 명이 더위와 피로로 쓰러져서 응급실까지 실려갔지만, 어른들은 청춘들에게 아무것도 해 줄 것이 없었습니다. 주행 연습이 늦게 끝나서 한밤중에 학교로 돌아오면 아이를 데리러 가는 것이 엄마가 해 줄 수 있는 전부였습니다. 한여름에 시작해서 학교 정문 앞 은행잎이 노랗게 물든 10월 말에 대회는 끝났습니다. 아들의 동아리팀은 쟁쟁한 대학교의 팀들이 참여한 대회에서 동상을 받았습니다. 대학교 3학년이지만 둘째라서 제게는 마냥 아이일 뿐인데, 한여름을 열심히 보낸 아들의 얼굴이 어딘가 성큼 달라져 있었습니다.

대학교 4학년 때는 네 명이 팀을 이루어서 만든 〈범죄, 멈춰〉라는 소프트웨어로 교내에서 열린 〈2021 캡스톤 디자인 아이디어 경진 대회〉에서 대상을 받았고, 곧이어 열린 전국 〈SW 인재 페스티벌 2021〉(과학기술정보통신부 개최)에서 우수상을 받았습니다. 그리고 국제 인턴십에 합격해서 미국 샌프란시스코에 있는 실리콘밸리로 떠났습니다. 인턴십이 끝나고 느긋하게 하와이를 거쳐 뉴욕까지 들러 콘서트를 보고 돌아온답니다. 인턴십을 마친 회사의 한국 지사 정직원 오퍼도 받았습니다. 만 26세로는 깜짝 놀랄 만한 연봉과 스톡옵션을 받게 된 아들은 하와이의 파도 위에 우뚝 서서 잠깐의 여유를 즐기고 있습니다. 앞으로 아들의 인생이 어떻게 펼쳐질지는 아무도 모르지만, 지금 이 순간만큼 아이는 행복합니다. 아이가 행복하면 엄마인 저도 무조건 덩달아 한없이 행복합니다.

오래 전에 돌아가신 친정엄마는 자식에 대해서는 아무 말도 하지 말라고 누누이 말씀하셨습니다. 지나가는 누구라도 들으면 질투한다고 말조심, 또 말조심하라고 했지요. 조금 잘한다고 자랑도 하지 말고 아이들은 수도 없이 변하니 못한다고 흉도 보지 말라고 하셨습니다. 그런데 제가 방금 아들자랑을 한 것 같습니다. 엄마가 들었으면 한 소리하셨을 거예요.

솔직히 말하자면 제 아들은 크게 내세우거나 자랑할 만한 재능을 가진 그런 아이는 아닙니다. 그냥 평범하고 어찌 보면 평범한 것보다 좀 더 느린 아이입니다. 지금은 저렇게 미국을 쏘다니고 있지만, 아들은 초등학교 입학할 때 한글도 다 못 깨우치고 입학한 아이였습니다. 하지만 엄마와 함께한 3년간의 영어 몰입 시간은 아이가 꿈을 꾸게 된 밑거름이었습니다. 영어를 포기하지 않았고 결국 그 영어를 강력한 무기로 사용하게 된 것입니다.

10세 전 영어 몰입 3년, "엄마, 행복했어요!"

아이들의 영어를 함께한 3년의 시간은 더할 나위 없이 행복했습니다. 기적과 같은 시간이었지요. 한글책을 읽어주던 어린 시절도 좋았습니다. 잠자리에 들기 전에 두 아이가 책을 들고 저에게 뛰어옵니다. 두 아이와 저는 방바닥에 배를 깔고 엎드립니다. 저는 책을 읽어주고 아이들은 어제도 들었던 그 책을 귀를 쫑긋 세우고 집중해서 듣습니다. 특히 아들이 좋아했던 〈짱뚱어〉라는 책을 읽어줄 때마다 두 아이는 까르르 웃음을 터트렸습니다. 웃을 준비를 아예 미리 하고 있다가 페이지를 넘기곤 했어요. 그러면 짱뚱어가 지느러미를 이용해서 걷는 것 같은 장면이 나오면 아이들은 서로 내기라도 하듯이 더 크게 웃었습니다.

너무 마음이 아파서 단 한 번도 끝까지 읽어주지 못한 책도 있습니다. 〈여우의 전화박스〉는 어찌나 눈물이 나던지 읽어주다 중간에 엉엉 대성통곡을 한 책입니다. 두 아이는 영문도 모르고 놀라서 엄마 울지 말라며 제 등에 자기들의 얼굴을 묻곤 했지요. 밤마다 엎드려서 책을 읽어주던 그 시간, 물론 몹시 피곤해서 그냥 자라고 하고 싶은 날도 있었지만, 아이들이 크면 읽어주고 싶어도 거부할 것을 알기에 밤마다 열심히 한글책을 읽어주었습니다. 엄마표 영어도 이와 같았습니다. 〈Love You Forever〉는 딸이 들으면서 울었던 영어책입니다. 모국어든, 영어든 전혀 다를 것이 없습니다.

● 〈Love You Forever〉: 〈언제까지나 너를 사랑해〉

아들이 미국 여행 중에 뉴욕에서 뮤지컬 〈The Lion King〉을 보았다고 했습니다. 〈The Lion King〉은 엄마표 영어를 할 때 수도 없이 보았던 영화입니다. 많이 보았을 뿐만 아니라 영화의 소리만 따로 녹음해서 여행을 갈 때나 차로 먼 길을 이동할 때는 차 안에서 틀어주었습니다. 너무 많이 보아서 아이들은 대사와 노래를 거의 외웠기 때문에 소리만 듣고도 같이 따라할 수 있었습니다. 그랬던 〈The Lion King〉을 뉴욕에서 뮤지컬로 만나게 되니 그 감동이 더욱 컸나 봅니다. 뮤지컬 대사를 따라하고 노래를 같이 흥얼거리니 함께 간 친구들이 깜짝 놀랐다고 합니다.

〈The Lion King〉뿐만 아니라 〈Matilda〉, 〈Charlie And The Chocolate Factory〉, 〈Tim Burton's The Nightmare Before Christmas〉, 〈Harry Potter〉 등등 대사와 노래까지 외운 영화가 한두 편이 아닙니다. 영화뿐일까요? 같이 집중 듣기를 했던 책, 함께 읽었던 책도 한두 권이 아닙니다. 물론 중간중간 아이들이 힘들고 지겨웠던 시간도 있을 거예요. 하지만 영어 학원을 다녔다면 숙제를 하느라 엄마와 더 큰 실랑이를 벌였을 겁니다. 두 아이와 함께한 영어 몰입 시간 3년은 아이들에게도, 제게도 고스란히 행복했던 추억으로 남아 있습니다.

- 〈Charlie And The Chocolate Factory〉: 〈찰리와 초콜릿 공장〉
  〈Tim Burtonn's The Nightmare Before Christmas〉: 〈팀 버튼의 크리스마스 악몽〉

18

인생은 마라톤,
언제나 기회는 우리 곁에!

평범한 아이들을 비범하게 만드는 영어

수능이 끝나면 수능 만점자들의 이야기가 소개됩니다. 교과서만
으로 공부했다는 이야기도 들리고, 중학교까지 게임만 했는데 정신
차리고 공부해서 명문대에 합격했다는 이야기도 들립니다. 초등학교
때부터 줄곧 1등만 해서 공부가 제일 쉬운 아이들도 있습니다. 기적
과 전설 같은 이야기 속에서 평범한 아이들의 이야기는 조용히 묻힙
니다.

내 아이의 작은 변화는 보잘 것 없어 보이지만 절대 그렇지 않습니다. 아이들의 인생은 길고도 깁니다. 오늘은 겨우 기어다녔지만 내일은 일어납니다. 기고, 일어서고, 걷고, 뛰는 과정을 응원하고 이러한 변화를 기적이라고 믿어준다면 아이는 바뀝니다. 믿고, 응원하고, 기다리는 것은 평범한 아이를 비범하게 만드는 비법입니다.

엄마표 영어 3년을 했다고 갑자기 하루아침에 영어를 유창하게 쏟아내지 않습니다. 하지만 결국 아이들은 해냅니다. 너무 평범해서 자칫 묻혀버릴 뻔했던 아이들의 영어는 날개를 다는 순간 비범해집니다. 옆집 아이가 시험 치는 영어 공부를 열심히 하고 있을 때 우리 아이는 자신이 좋아하는 유튜브 영상을 영어로 보면서 즐거워합니다. 영어 공부를 더 원하면 구글을 검색해서 관련 글도 읽습니다. 물론 영어 논문입니다. 이 아이의 영어는 이미 평범한 영어가 아닙니다. 이렇게 공부한 아이는 자신이 원한다면 세계로 뻗어나갈 수 있습니다. 평범했던 아이가 서서히 변하고 마침내 비범해지는 기적이 일어난 것입니다.

자신의 인생을 사는 아이들

우리들은 대부분 자신이 무엇을 잘하는지, 무엇을 하고 싶은지 모른 채 인생을 살아갑니다. 이건 아닌 것 같은데, 이렇게 살다가는 닿을 곳이 너무도 뻔한데……. 이런 마음이 들어도 삶의 흐름을 바꾸지 못해서 괴롭습니다. 그렇다고 의미 없는 인생은 아닙니다. 누구도

타인의 삶에 잣대를 들이댈 수는 없습니다. 하지만 한평생을 살고 난 후에 '난 내가 원하는 삶을 살지 못했어. 결국 이렇게 될 줄 알았지만, 삶의 흐름을 거스르는 용기를 내지 못했지.'라는 후회가 남을 수 있습니다. 그래서 내 아이는 다른 인생을 살기를 원합니다. 부모로서 아이가 원하는 인생을 찾을 수 있도록 도와주고 싶습니다.

진정한 영어 혁명은 동기와 성취감에서 시작된다

아이가 자신이 원하는 게 무엇인지 알려면 치열하게 고민하고 노력해야 합니다. 최고가 되라는 이야기가 아닙니다. 그저 자신이 원하는 게 무엇인지 알고 그것을 찾아나가자는 것입니다. 그러려면 주체적인 동기가 살아있어야 하고 작은 성취감도 자주 경험해야 합니다. 동기와 성취감은 공부를 잘한다고 생기는 게 아닙니다. 영어 유치원을 나와서 사립학교와 명문 대학교를 나온다고 아이가 자신이 원하는 삶을 살게 된다는 보장이 없습니다. 또한 누구나 그런 엘리트 코스를 밟을 수도 없습니다. 하지만 동기와 성취감을 붙잡을 기회는 누구에게나 옵니다.

15년간 학원을 운영하면서 수많은 아이들을 만났습니다. 이 과정에서 영어와 아이의 인생, 그리고 동기와 성취감이 서로 무관하지 않고 유기적으로 연결된다는 것을 알았습니다. 성취하는 아이, 동기가 살아있는 아이는 영어도 살아있습니다. 이 아이들에게 영어는 그야말로 성취 도구가 되고 성취 수단이 됩니다.

잘하는 아이들은 뭘 어떻게 해도 잘하지만, 제 마음 속에는 늘 느린 아이들이 있습니다. 문자 습득이 느린 아이, 배움의 속도가 느린 아이 말입니다. 하지만 생각해 보세요. 적어도 엄마표 영어를 하는 동안 아이들은 즐겁고 자연스럽게 영어를 익힐 수 있습니다. 학습으로 몰아치지 않으면서, 자신이 부족한 부분에서 좌절감을 느끼지 않으면서 말이지요. 이것이야말로 진정한 혁명이 아닐까요? 영어로 아이의 인생이 어떻게 반전될지 생각해 보세요.

사실 아이 자신에게는 이런 결과가 반전이 아닐 것입니다. 왜냐하면 아이는 자신의 인생을 묵묵히 살아갈 뿐인데, 지켜보는 우리가 반전이라고 생각하는 것이니까요.

Tip 문자 습득이 느린 70%의 아이들까지 성공하는 영어

영어의 4대 영역 모두 중요하지만 듣고 말하기가 먼저다

영어도 모국어처럼 듣기로 시작해서 귀를 먼저 열어주고 그 다음에 입도 열게 해야 합니다. 이 과정에서 아이들에 따라 읽기는 차이가 납니다. 하지만 영어 교육의 최종 목표는 한글 교육과 마찬가지로 결국 듣고, 말하고, 읽고, 쓰는 4대 영역이 균형 있게 발달하는 것입니다. 이들 4대 영역이 모두 중요하지만, 느린 아이들도 성공하려면 듣기와 말하기가 먼저 실행되어야 합니다. 그래야 어느 누구도 영어 교육에서 소외되지 않습니다. 이제까지 저는 영어 이야기를 하면서 듣기와 말하기를 읽기와 쓰기보다 더 많이 강조했습니다. 책 읽기의 중요성을 누구보다 더 잘 알고 있지만, 듣기와 말하기가 먼저이고 더 중요하기 때문에 있는 힘을 다해 이 부분을 아주 열심히 설명했습니다.

듣고 말하는 것은 '습득'이고 읽고 쓰는 것은 '학습'입니다. 영어는 문자이기 전에 언어이므로 습득해야 하는 듣기와 말하기를 강조하는 것입니다. 그리고 우리의 영어가 읽기에 치중될 때 자칫 문자가 느린 아이들을 포함해서 평범한 아이들까지 영어 교육에서 소외당할 수도 있다는 사실이 두려웠습니다.

저는 평범한 아들을 키웠고 영어 학원을 운영하면서 이 세상의 아이들 중 70% 이상이 제 아들과 같다는 것을 알았습니다. 엄마와 함께하는 3년 간의 영어 몰입 시간은 아이들의 귀와 입을 열어주는 시간입니다. 이 시간을 아이들과 함께 지나오면 딸형 영어 아이들은 읽기까지 일취월장할 것입니다. 아들형 영어 아이들도 (딸형 영어 아이들만큼은 아니지만) 귀도 열리고, 말도 하게 되며, 리딩 레벨 2점 정도의 읽기 실력을 갖게 됩니다. 그 이후의 로드맵은 좀 더 심도 있는 읽기와 쓰기, 그리고 학습 영어를 추가하는 여정이 될 것입니다. 이러한 남은 여정을 엄마와 함께할 수도 있고, 아이 혼자서 할 수도 있으며, 학원을 선택할 수도 있습니다. 그 어떤 길을 선택하더라도 아이들의 영어는 기본기가 탄탄할 뿐만 아니라 엄청 큰 영어 그릇을 만든 상태이기 때문에 무엇을 입혀도 결과는 좋을 수밖에 없습니다.

엄마와 함께하는 영어 몰입 시간은 변화의 시간입니다. 아이를 믿고 시간의 힘을 믿어보세요. 3년을 함께할 엄마와 아이 모두에게 응원을 보냅니다.

셋째
마당

엄마표 영어 3년,
사교육비 1억 원 절약 &
중2 리딩 레벨 확보!

엄마표 영어를
시작하기 좋은 나이는 7~8세

듣고 말하기는 학습이 아닌 '습득'의 영역이다

영어의 4대 영역은 듣고, 말하고, 읽고, 쓰기입니다. 이 중에서 '듣기'와 '말하기'는 언어 습득뇌가 유연할 때 습득이 진행되어야 하는 영역입니다. 우리는 읽고, 생각하고, 씁니다. 읽다가 뜻을 잘 모르면 다시 앞으로 되돌아와서 읽습니다. 잘못 쓴 글은 지우개로 지우고 다시 씁니다. 모두 의식적인 두뇌 활동을 거쳐서 읽고 쓰는 것입니다. 하지만 듣기와 말하기는 다릅니다. 시간이 흐르면서 듣기도 흘러가버립니다. 상대방의 말을 중간에 되돌릴 수 없으므로 계속 들으면서 이해해야 합니다.

모국어는 아무리 긴 문장으로 말해도 우리 귀에 단번에 꽂히고 이해가 됩니다. 그 이유는 무엇일까요? 어떤 능력이 그렇게 만든 것일까요? 모국어는 '학습'되지 않고 '습득'되기 때문입니다. 모국어가 학습되는 것이라면 우리는 아이의 뇌가 학습이 가능해지는 나이까지 아무 말도 못한 채 기다려야 했을지 모릅니다. 하지만 습득은 학습의 시간과 다릅니다. 아이는 태어난 지 얼마의 시간이 지나면 수없이 말을 내뱉으며 모국어를 익힙니다. 어법에 어긋난 모국어를 말해도 이를 탓하는 엄마는 없습니다. 왜냐하면 아이가 스스로 내뱉는 말을 교정해가면서 모국어를 습득한다는 것을 알기 때문입니다.

뇌가 말랑말랑할 때가 영어 소리 노출의 적기!

언어는 듣고 말하기가 먼저 습득됩니다. 영어도 마찬가지입니다. 적어도 영어의 목표가 듣고 말하기라면 이것은 습득의 시기에 일어나야 합니다. 영어 언어 습득뇌가 굳기 전에 만들어져야 합니다. 이 시기를 놓치지 않으려면 적어도 7~8세 전후에 영어 소리 노출을 시작해야 합니다. 하지만 현실은 7~8세 엄마들이 모두 엄마표 영어를 시작하지는 않습니다. 가장 망설이는 이유는 '나는 영어를 못하는데 과연 아이에게 영어를 가르칠 수 있을까?' 하는 마음일 것입니다. 그런데 이런 이유라면 전혀 걱정할 필요가 없습니다. 엄마표 영어는 학습이 아니라 습득의 영역이기 때문입니다. 영어를 잘 못하는 엄마를 위한 안내 사항을 166쪽의 '넷째마당. '영알못'을 위한 엄마표 영어 완전 정복'에서 정리했으니 찬찬히 읽어보세요.

엄마표 영어를 2년 이상 진행하다 보면 그때부터는 엄마의 영어 실력이 아이에게 영향을 줄 수도 있어요. 하지만 영어 학원을 15년간 운영하면서 수많은 엄마들과 아이들의 영어를 상담하며 깨달은 사실이 있습니다.

'차라리 엄마가 영어를 못하는 것이 나을 수도 있겠다.'

Tip **언어의 4대 영역을 한꺼번에 완성한다고? 거짓말!**

영어 학원 광고, 믿어야 할까

어떤 영어 학원에서 언어의 4대 영역인 '듣기', '말하기', '읽기', '쓰기'를 한꺼번에 완성해 주겠다고 광고합니다. 하지만 저는 이 말이 헛소리라고 생각합니다. 우리 엄마들은 모국어도 언어의 4대 영역이 동시에 발달하지 않는다는 것을 잘 알고 있습니다. 그 어떤 아이도 듣기 전에 읽을 수 없고 말하기 전에 쓸 수 없습니다. 이들 4대 영역은 동시에 같이 발달하는 것이 아니라 시간에 따라 순차적으로 완성되어 갑니다. 게다가 4대 영역이 고르게 발달하는 아이도 드뭅니다. 어떤 아이는 말은 잘해도 쓰기를 못하고, 어떤 아이는 입은 과묵한데 글은 한바닥씩 써내기도 합니다.

우리의 교육 목표가 4대 영역을 골고루 발달시키는 것이지만, 실제로 모든 영역이 균형 있게 발달한 아이는 현실에서 손가락에 꼽을 정도로 많지 않습니다. 그런데 무슨 근거로 영어는 4대 영역을 동시에 발달시켜야 할까요? 이것이 바로 이런 광고를 상술이라고 생각하는 이유입니다. 상술보다 더 큰 문제가 있습니다. 4대 영역을 골고루 잘해야 한다는 목표는 결국 영어의 시작을 문자 학습으로 귀결시킵니다. 왜냐하면 읽어야 하니까요. 읽기 위해서는 발음을 알아야 하고 그러기 위해서는 '파닉스 수업'이라는, 발음 기호 학습을 시작해야 합니다.

언어 감각이 좋고 문자 능력이 좋은 아이들은 어찌되었든지 이 과정을 해낼 수도 있을 것입니다. 하지만 세상에는 그렇지 않은 아이들이 훨씬 더 많습니다. 영어 학원을 운영하면서 만난 아이들은 거의 다 제 아들처럼 문자 습득이 느렸습니다. 이런 아이들에게 문자 학습은 영어에 마음을 닫게 할 뿐입니다. 낱글자 하나하나 듣고 읽기 연습을 하는 동안 자연스럽게 소리에서는 멀어져 갑니다. 절대로 귀를 열 수도, 입을 열 수도 없고 결국에는 읽기도 만족스럽지 못하게 됩니다. 따라서 언어 습득뇌가 유연할 때 영어의 4대 영역을 '듣기' → '말하기' → '읽기' → '쓰기' 순으로 습득하도록 해야 합니다.

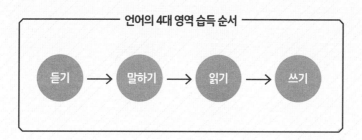

언어의 4대 영역 습득 순서

듣기 → 말하기 → 읽기 → 쓰기

영어 유치원 VS 엄마표 영어

모국어 발달 단계는 전 세계 모두 동일하다

영어 유치원을 보내는 이유는 단 하나, 자연스러운 영어 습득 때문입니다. 어려서부터 영어 환경에 노출하는 것은 나름대로 의미가 있다고 생각합니다. 하지만 그 의미를 퇴색시키는 단점도 많습니다.

실제로 제가 상담했던 대다수의 영어 유치원 출신의 아이들은 노출 시간에 비해 만족할 만한 영어 실력을 갖고 있지 않았습니다. 저는 그 원인이 영어 유치원을 보내는 시기 그 자체에 있다고 생각합니다. 언어 습득은 어릴수록 유리하지만, 현실은 그렇게 단순하지 않습니다.

영어는 반드시 듣기로 시작해야 합니다. 일정 정도 귀가 열리고 입이 열리면 그때부터 본격적으로 읽기에 박차를 가해야 합니다. 다시 모국어의 발달 단계를 생각해 볼까요? 아이들은 태어나서 무차별적으로 모국어 소리에 노출되면서 귀가 열리고 입도 열립니다. 하지만 듣고 말하기는 유창해도 읽기는 아직 덜 발달된 상태입니다. 쓰기는 어떤가요? 취학 연령인 8세 아이들을 보면 모국어를 유창하게 구사하고 읽기도 하지만, 대부분의 아이들은 알림장을 겨우 쓰는 수준입니다. 아이가 아직은 어려서 한글책 읽기도 그리 높은 수준이 아닙니다. 읽기와 쓰기는 아이의 지적인 능력이 쌓이면서 발달하기 때문에 초등학교 3~4학년 정도는 되어야 문장 이해력이 커지면서 읽기도 좋아집니다. 그리고 쓰기는 초등학교 6학년 정도는 되어야 그야말로 의미 있는 수준에 도달합니다.

초등학교에 입학하면 터지는 불만

영어 유치원 출신의 아이들은 일상에서 원어민 선생님을 만나 이야기하기 때문에 기본적인 회화가 가능합니다. 영어 말하기에도 큰 부담이 없습니다. 수업 때 액티비티 위주로 진행하기 때문에 읽기와 쓰기도 재미있게 조금씩 배웁니다. 이 시기의 아이들은 사실 연필을 잡기도 버거운 나이입니다. 엄마들도 아이가 영어로 쫑알쫑알 말하는 것에 만족하기 때문에 쓰기를 못하거나 읽기 레벨이 오르지 않아도 아직은 크게 부담을 갖지는 않습니다.

문제는 영어 유치원을 졸업하고 초등학교에 입학하는 시점에 발생합니다. 보통 영어 유치원에서는 자체적으로 운영하는 초등반이 있습니다. 그런데 초등반의 커리큘럼이 갑자기 아카데믹해지는 경우가 많습니다. 8세가 된 아이는 정작 변한 게 없는데 커리큘럼만 갑자기 어려워지는 것입니다. 아직 아이는 모국어도 쓰기가 힘듭니다. 갓 입학한 초등학교는 유치원보다 규율이 엄격하고 지켜야 할 규칙도 많습니다. 아이들은 초등학교에 적응하는 데도 시간이 필요합니다. 하지만 영어를 대하는 엄마의 태도는 영어 유치원 시절과는 완전히 다릅니다. '영어 유치원'이라는 이름을 달았을 때는 느긋했지만 이제는 그렇지 않습니다. 그동안 들인 돈과 시간을 생각하면 아이의 리딩 레벨이 어느 정도는 나와주어야 하고 과제도 척척 해내야 한다고 기대합니다.

영어 유치원 커리큘럼의 미스매치

하지만 현실은 그렇지 않습니다. 몇몇 아이들을 제외하고 대부분의 아이들은 평범합니다. 한글뿐만 아니라 매사에 늦된 아이도 있을 것입니다. 영어 회화도 일상 회화를 제외하면 그리 만족스럽지 않습니다. 이 모든 문제가 초등학교에 입학하는 시점에 한꺼번에 터집니다.

유치원 시절에는 유치원만 다니면 되었지만, 초등학교는 그렇지 않습니다. 기본적으로 학교 일과를 마쳐야 하고 영어만 할 수 없으니 예체능도 해야 합니다. 그렇다고 그동안 공들였던 영어를 포기할 수 없으니 영어 학원도 계속 다녀야 합니다. 하지만 아이는 아직 어려서 학교에 적응하기도 힘듭니다. 영어 시간도 유치원 시절만큼 확보하기 힘들어서 엄마는 애가 탑니다. '사립학교를 보냈어야 했나?' 하는 후회도 밀려옵니다. 엄마는 어쩔 줄 모르겠는데, 같은 유치원 출신의 누구는 이번에 리딩 레벨이 4점 나왔다는 이야기까지 듣게 됩니다. 갑자기 '그동안 내가 뭐한 건가?' 하는 생각이 들 정도로 낭패감에 빠져듭니다.

영어 유치원 출신의 아이들이 초등학교에 입학하면 본격적으로 책 읽기에 매진해야 한다고 생각하지만, 아직 8세라는 것에 주목해야 합니다. 8세 아이의 한글책 읽기 수준을 생각해 보면 영어책 읽기 수준도 어느 정도 시간이 지나야 자연스러워집니다. 영어 유치원을 졸업하고 초등학교에 입학하는 시점에 엄마들이 와르르 무너지는 이유는 바로 아이의 발달 상황과 영어 유치원의 나이가 맞지 않기 때문입니다. 영어 유치원 출신 아이들이 8세가 되어도 영어책 읽기에 속도가 나지 않을 수 있습니다.

엄마표 영어가 아이들 발달 상황과 잘 맞는 이유

그렇다면 엄마표 영어는 어떨까요? 7세부터 터 잡기를 위해 하루에 1시간 정도 영상을 노출하고 8세가 되면 그 루틴을 그대로 이어가면서 영어 소리 노출 시간을 3시간으로 늘려 영어에 몰입하는 로드맵은 아이들의 발달 상황과 잘 맞습니다. 이와 같은 방법으로 영어 소리에 노출된지 2년이 넘으면 아이들은 귀가 열리기 시작합니다.

귀가 열리면 무슨 일이 벌어질까요? 바로 말을 할 수 있게 됩니다. 아이들이 태어나서 모국어에 노출되면 엄마의 말을 알아듣고 옹알이를 하는 것처럼 영어도 똑같은 현상이 벌어집니다. 엄마표 영어 2년차 9세 후반이면 아이는 어떤 방식으로든지 말을 하고 싶어하기 때문에 자연스럽게 아이의 입을 열어줄 수 있습니다. 듣기와 말하기를 하게 되면 읽기는 한결 쉬워집니다. 귀를 열고 → 입을 열고 → 본격적으로 책 읽기에 돌입하는 언어 습득 과정은 모국어든, 영어든 모두 비슷합니다. 이 중에서 읽기는 아이의 이해력이 반드시 필요합니다.

| 태어나자마자 시작되는 모국어의 발달 단계 |

| 7세에 시작하는 외국어로서 영어의 발달 단계 |

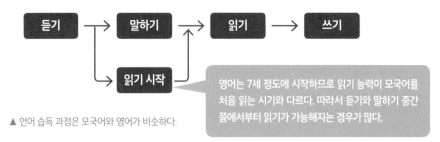

▲ 언어 습득 과정은 모국어와 영어가 비슷하다.

'문리(文理, 글의 뜻을 깨달아 아는 힘)'라는 말이 있습니다. "저 아이는 늦게 문리가 트였어."와 같은 말을 우리 때는 많이 사용했습니다. 대부분의 아이들은 10세가 지나야 문리가 트입니다. 따라서 영어 읽기도 그때부터 빛을 발합니다. 물론 그 전에 했던 읽기 활동이 의미 없다는 뜻은 아닙니다. 충분히 중요하고 의미가 있지만, 10세 전까지는 누군가가 읽어주는 소리를 들으면서 읽는 것이 효과적입니다. 즉 읽기보다 듣기라는 뜻입니다.

저는 빠른 아이와 느린 아이를 동시에 키웠기 때문에 나이에 따른 읽기의 차이를 정확하게 알고 있습니다. 8세에 영어를 시작해서 10세에 입을 열고 나면 읽기에 적합한 나이가 됩니다. 이때 이미 아이는 귀도 열리고 어느 정도 말도 합니다.

신기하게도 영어에 귀가 열리고 입이 열리면 리딩 레벨은 기본 2점 이상은 됩니다. 최소 중학교 2학년 리딩 레벨은 확보하는 셈이지요. 아이가 듣고 말하기와 읽기 능력을 갖게 된 상태에서 이해력까지 생기면 영어책이든, 한글책이든 학습 속도가 붙고 빛을 발하기 시작합니다. 따라서 영어책 읽기는 영어 습득에 있어서 출발점이 아니라 도달점이 되어야 합니다. 국어도 마찬가지입니다. 영어도 최종 목표가 읽고 쓰기라면 아이의 문리력이 트이는 10세 이후에 매진하는 것이 훨씬 효과적이고, 유리하며, 자연스럽습니다.

21

영유부터 1억?
사교육비 부담을 덜어주는 엄마표 영어

영어 유치원 VS 엄마표 영어, 어떤 선택이 최선일까

영어 유치원이 누군가에게는 꽤 괜찮은 선택지가 될 수 있습니다. 경제적 여유가 있는 경우, 워킹맘인 경우, 그 외 각자의 이유로 영어 유치원에 아이를 보냅니다. 아이가 영어 유치원에서 하루에 최소 5시간 이상 머물면서 영어 소리에 노출된다고 가정해 봅시다. 1년만 지나도 영어 노출 시간은 상당합니다. 영어 유치원을 2년 정도 다닌다면 아이의 영어 노출 시간은 거의 2,000시간을 훌쩍 넘습니다. 엄마표 영어가 하루 3시간씩 3년, 총 3,000시간 정도의 영어 노출을 목표로 할 때 영어 유치원에서 2년의 시간을 보낸다면 이미 2,000시간 이상의 인풋을 확보하게 됩니다. 여기에 아이들은 늘 원어민 선생님과 만나므로 영어에 대한 거부감도 없어지고 기본적인 회화도 가능해집니다. 적절한 학습도 함께하므로 듣고 말하기는 물론 읽고 쓰기까지 접하게 됩니다.

물론 영어 유치원이 장점만 있는 것은 아닙니다. 6~7세는 한창 모국어에 익숙해져야 하는 시기입니다. 초등학교 입학 전에는 모국어로 읽기와 쓰기를 다져야 하며 다양한 모국어 활동도 필요합니다. 하지만 영어 유치원에 다닌다면 일정 정도의 모국어 활동을 포기해야 합니다. 또한 어린 나이에 낯선 언어 환경에 던져지는 것이 스트레스가 될 수도 있습니다. 게다가 영어 유치원의 원어민 선생님들이 모두 교육적인 자질을 충분히 갖추었는지도 확인이 쉽지 않습니다. 하지만 가장 크게 고려해야 하는 사항은 역시 교육비입니다. 영어 유치원은 일반 유치원보다 훨씬 비싼 원비를 지불해야 하기 때문에 신중하게 선택할 수밖에 없습니다.

영어 유치원부터 시작해서 초등학교 3학년까지 영어 사교육비는 많게는 거의 1억 원에 육박합니다. 물론 모두가 그런 것은 아니겠지만, 계산기를 두드려보면 1억 원이라는 총액이 그렇게 황당한 금액이 아니라는 것을 알 수 있습니다. 이와 같이 영어 유치원은 장점이 있지만, 이와 함께 1~2년간 모국어 활동을 포기해야 하는 부담과 아이들의 정서적인 위축 문제, 그리고 경제적인 부담까지 모두 안고 있습니다.

영어 유치원의 대안, 엄마표 영어

엄마표 영어가 영어 학습 자질을 잘 갖춘 선생님이 가르치는 영어라고 한다면 저도 용기를 내지 못했을 것입니다. 저는 영어를 가르치겠다는 저의 오래되고 익숙한 생각부터 버렸습니다. 그 대신 아이가 모국어를 익혔던 방식을 그대로 가지고 간다면 영어도 자연스럽게 귀가 열리고 입도 열릴 것이라고 확신했습니다.

엄마표 영어는 아이의 성격에 맞춰 그대로 자연스럽게 영어라는 언어가 발달하도록 만듭니다. 엄마가 아이가 못하고 싫어하는 것보다 아이가 잘하고 좋아하는 것에 아이를 집중시킨다면 아이의 본성을 죽이지 않는 영어를 갖게 할 수 있습니다. 엄마표 영어가 아니면 그 어떤 영어도 아이를 이렇게 만들 수 없습니다.

엄마표 영어는 하루에 3시간씩 집중해서 영어에 노출시킵니다. 보통 학원에서 3시간 수업을 한다고 가정해 봅시다. 휴식 시간이나 문제를 푸는 시간, 선생님의 수업을 듣는 시간 등을 고려하면 실제로 아이가 3시간 내내 영어 소리에 노출되었다고는 보기 어렵습니다. 하지만 집에서 하는 엄마표 영어는 다릅니다. 영화를 보거나 책을 들을 때 쉴 새 없이 영어 소리가 쏟아지게 할 수 있습니다. 아이들은 매일 3시간 동안 영어 소리에 푹 빠집니다. 이때 모국어 소리는 전혀 개입되지 않게 합니다. 3년의 시간을 이렇게 보낸다면 이것이 바로 진정한 영어 몰입 시간이라고 할 수 있습니다. 영어 소리 소나기를 맞는 3시간은 영어 유치원이나 학원에서 공부하는 5시간과 맞먹습니다. 돈만큼이나 소중한 것이 시간이라고 할 때 이 부분은 엄마표 영어의 엄청난 장점입니다.

경제적인 효용 측면에서도 엄마표 영어 몰입 시간 3년은 더욱 빛을 발합니다. 엄마표 영어는 영상을 보고 책을 듣고 읽는 과정이 대부분입니다. 영어 영상 자료는 인터넷 세상에 넘쳐납니다. 무료로 제공하는 사이트도 많습니다. 유료 콘텐츠도 많지만 그렇게 비싸지 않습니다. 영어책을 구입할 때는 상당한 돈을 지불해야 하지만, 책값이 학원비보다 비싸지 않습니다. 게다가 형제나 자매, 남매가 같이 학습할 경우에는 효율성이 더욱 커집니다.

아이가 영어 유치원이나 학원을 졸업하면 문제집(교재)이 남지만, 엄마표 영어는 책이 수북하게 남습니다. 문제집은 애물단지가 되어도 영어책은 그렇지 않습니다. 제가 영어 학원을 창업할 수 있었던 것도 영어책과 DVD가 그대로 남아있었기 때문입니다.

▲ 엄마표 영어를 진행하면서 구매한 영어책

엄마도 변하고 아이도 변하는 시간을 선택하자

영어 유치원 출신이든, 엄마표 영어 출신이든 우리 아이들은 결국 수능을 치러야 합니다. 중고등학교 시험이나 모의고사 시험 등을 대비하면서 엄마표 영어 출신도 영어 유치원 출신 못지않게 뛰어난 성과를 냅니다. 영어 유치원에서 날개를 달았던 아이들은 엄마표 영어를 해도 날개를 답니다. 영어 유치원에서 힘들었던 아이들은 엄마표 영어를 할 때도 느리고 더딥니다.

그 어떤 영어 교육 방식도 아이의 존재 자체를 바꿀 수는 없습니다. 비싼 영어 유치원도 어떤 아이에게는 트라우마를 심어줄 수 있고, 엄마표 영어도 내 아이를 제대로 이해하지 않고 몰아붙인다면 성공할 수 없습니다. 오히려 엄마와의 관계만 더 나빠지겠지요. 어떠한 선택을 하든 아이는 자신만의 속도대로 성장합니다. 그렇기 때문에 엄마가 아이를 제대로 정확하게 아는 것이 무엇보다 중요합니다. 이런 이야기는 너무 원론적으로 들릴 수 있지만, 이것이 가장 중요합니다. 어떤 선택을 하든 중요한 것은 아이입니다. 아이가 빠진 선택은 어떤 선택이든 좋지 않습니다.

혹시라도 경제적 형편 때문에 영어 유치원에 못 보내서 미안해하는 엄마는 없었으면 합니다. '엄마표 영어'라는 훌륭한 선택지가 있으니까요. 아이를 사교육에만 맡기면 엄마 자신이 변화할 기회가 줄어듭니다. 엄마표 영어 3년간 아이도 변하고 엄마도 변합니다. 세상의 좀 더 많은 엄마들이 자녀와 함께하는 시간을 선택하기를 바랍니다.

22

내 아이의 언어 감각부터 파악하자

: 딸 유형 VS 아들 유형 :

서로 다른 아이들, 서로 다른 목표

3년 후 엄마표 영어의 시간이 지나면 누구도 제자리에 그대로 있는 아이들은 없습니다. 어떤 아이는 영어에 날개를 달고 어떤 아이는 영어로 의사 표현을 합니다. 어떤 아이는 〈Harry Potter〉를 들으면서 곧바로 이해합니다. 엄마가 좋아하는 유명 골퍼가 방송 인터뷰를 하면 동시 통역을 해 주는 아이도 있습니다. 아이들마다 결과가 다르지만, 모두 소중하고 의미 있습니다.

제 두 아이도 서로 너무 달랐습니다. 딸은 문자를 읽고 쓰는 능력이 유난히 빨랐고 아들은 반대로 무척 느렸습니다. 다행히 저는 아들이 늦된 것을 알았기 때문에 아들의 속도에 맞출 수 있었습니다. 더 잘하고 더 빨리 도약하기를 희망했지만, 그것이 아이의 학습 동기를 해칠 정도로 과도하게 몰아가지는 않았습니다. 결과적으로 성인이 된 지금, 두 아이의 영어를 비교하는 것은 아무 의미가 없게 되었습니다. 아이들의 성향, 재능, 공부머리가 모두 다르지만, 아이의 타고난 성품을 살리면서 학습 동기를 해치지 않고 이끌어냈다는 것이 무엇보다 중요합니다.

제가 딸만 키웠으면 세상에는 제 아들 같은 아이들이 더 많다는 것은 몰랐을 것입니다. 그래서 편의상 아이들을 두 가지 유형으로 나누었습니다. 언어 감각이 뛰어나고 문자를 습득하는 능력이 좋은 아이들은 '딸 유형'으로, 언어 감각뿐만 아니라 문자를 익히는 감각이 특히 느린 아이들은 '아들 유형'으로 구분했어요. 전자의 아이들은 대체로 여아들이 많았습니다. 물론 여아만 있는 것은 아니고 남아도 있지만, 주로 여아이기 때문에 '딸형 영어 아이들'로 부르겠습니다. 후자는 그 반대의 경우로, '아들형 영어 아이들'로 부르겠습니다. 이런 호칭은 남녀를 나누고 아들과 딸을 나누어서 서로를 평가하거나 차별을 두기 위한 것이 아닙니다. 아마도 딸과 아들을 모두 키워본 엄마라면 이렇게 구분한 이유를 어느 정도 이해하리라 생각합니다.

139~141쪽에서는 두 유형의 아이들을 듣기, 읽기, 말하기, 쓰기별 특징으로 나누었습니다. 아이가 어려서부터 책을 읽어줄 때의 반

응이나 한글을 깨우쳤을 때를 생각하면서 체크해 보세요. 유형별로 'Yes'가 많으면 해당 유형의 영어를 가질 확률이 높습니다.

딸 유형 영어 아이들의 특징

각 항목별로 Yes 또는 No에 체크해 보세요.

		Yes	No
| 듣기 |	1. 책을 읽어주면 그림뿐만 아니라 시선이 문자에 가있다.	☐	☐
	2. 직접 읽기와 다른 사람이 읽어주기 모두 좋아한다.	☐	☐
	3. 자신이 책을 낭독하는 것을 즐긴다.	☐	☐

		Yes	No
| 읽기 |	1. 엄마가 책을 읽어주기만 했는데도 한글을 깨우쳤다.	☐	☐
	2. 비교적 일찍 한글을 읽었다.	☐	☐
	3. 읽기 독립이 빨랐다.	☐	☐
	4. 통문자, 낱글자 모두 인지가 빠르다.	☐	☐
	5. 글밥이 긴 책도 혼자 읽는다.	☐	☐

		Yes	No
| 말하기 |	1. 읽기에 비해 말하기를 즐기지 않는 경우도 있지만, 필요할 때는 거리낌 없이 말한다.	☐	☐
	2. 말하기를 즐기는 경우가 많다.	☐	☐
	3. 조리 있게 말한다.	☐	☐
	4. 책을 많이 읽어서 사용하는 어휘 수준이 높다.	☐	☐

| 쓰기 | 1. 듣기, 읽기, 말하기와 거의 동시에 쓰기도 할 수 있다.   Yes □   No □

               2. 문법이나 글쓰기의 형식에 특별히 구애받지 않고   □   □
한바닥씩 잘 쓴다.

               3. 가르치지 않아도 잘 쓴다.   □   □

아들 유형 영어 아이들의 특징

각 항목별로 Yes 또는 No에 체크해 보세요.

| 듣기 | Yes   No

               1. 책을 읽어주면 시선이 그림에 가닿다.   □   □

               2. 직접 읽기보다 다른 사람이 읽어주는 것을 더   □   □
좋아한다.

               3. 삽화의 구석 부분에 있는 그림까지 발견한다.   □   □

               4. 읽어서 이해하기보다 들어서 이해하려고 한다.   □   □

               5. 읽기보다 말하기를 즐긴다.   □   □

| 읽기 | Yes   No

               1. 한글을 늦게 깨우쳤다.   □   □

               2. 읽기 독립이 늦었다(초등학교 입학 후).   □   □

               3. 한글의 음가 규칙을 이해하지 못하거나 이해해도   □   □
적용하기 힘들다.

               4. 글밥이 긴 책을 끝까지 읽기가 힘들다.   □   □

               5. 새로운 정보를 읽기보다 들어서 얻는다.   □   □

말하기		Yes	No
	1. 읽기에 비해 말하기가 자연스럽다.	☐	☐
	2. 말하기를 즐긴다.	☐	☐
	3. 조리 있게 말하지는 않지만, 자신의 생각을 표현하는 데 문제가 없다.	☐	☐

쓰기		Yes	No
	1. 초등학교 입학 시점에 받침 있는 한글 읽기를 어려워했다.	☐	☐
	2. 초등학교 3학년이 지나서야 쓰기에 진전이 있었다.	☐	☐
	3. 쓰기를 싫어하고 어려워한다.	☐	☐

아이가 어디에 더 많이 체크되었나요? 완벽하게 한쪽에 속하는 아이도 있지만, 애매하게 양쪽이 비슷하게 체크될 수도 있습니다. 저는 엄마들을 만나서 상담할 때 한글이나 우리말 발달 정도에 대해 먼저 묻습니다. 왜냐하면 아이가 태생적으로 갖고 있는 언어적인 능력이 어느 정도인지 가늠해 보기 위해서 위해서입니다. 한글은 아주 어려서부터 접한 문자여서 무심하게 넘기지만, 자세히 들여다보면 한글을 읽고 쓰는 능력도 아이들마다 모두 다릅니다. 결국 한글을 익힌 시기만 다를 뿐 다 읽고 쓰게 됩니다. 영어도 이와 같습니다. 아이들의 언어 감각이나 문자 감각은 다르지만, 엄마표 영어 3년은 아이들의 귀와 입을 열어줍니다. 읽기도 할 수 있습니다. 엄마표 영어는 아이들의 영어 그릇을 만들어줍니다. 모국어처럼 영어도 그 이후에는 아이들의 능력과 노력에 따라 결과가 크게 달라집니다.

귀를 트는 건 기본,
입까지 열어주자
(ft. 연따)

문장을 멈추지 않고 따라하는 게 연따의 특징

앞에서도 말했듯이 엄마표 영어를 실천하면 적어도 귀는 열립니다. 리딩 레벨도 최소 중2 리딩 레벨을 확보하는 셈이지요. 하지만 입까지 열게 하려면 어떻게 해야 할까요? 저는 15년간 아이들을 가르치면서 계속 고민했습니다. 그러다가 '연따', 즉 '연달아 따라 말하기'를 시키면서 해결 방법을 발견했습니다.

연따는 영어 소리를 그대로 따라 말하면서 그동안 머리에 가득 쌓여있던 소리를 입으로 뱉어내는 발화 훈련입니다. 연따를 따라 하는 구체적인 방법은 다음과 같습니다.

| 연따 하는 방법 |

1. 들리는 대로 문장을 끊지 않고 따라 한다.
2. 1~2초 간격을 두고 쫓아가면서 따라 한다.
3. 한국말로 해석하지 않고 영어로 생각하면서 따라 한다.

　　연따는 원어민의 소리를 1초나 2초 정도 간격을 두고 쫓아가면서 영어가 들리는 대로 따라서 소리를 내는 발화 훈련입니다. 발음뿐만 아니라 억양이나 인토네이션*까지 그대로 따라합니다. 내레이터의 소리톤이 높아지면 같이 높아지고, 낮아지면 같이 낮아지면서 똑같이 발화합니다.

　　흔히 연따를 문장을 끊어가면서 (또는 멈춰가면서) 따라 하는 것이라고 생각하는데, 이것은 연따를 '정따(정확히 따라 읽기)'나 'repeat'와 혼동하는 것입니다. 연따는 문장을 끊지 않고, 즉 멈추지 않고 계속 쫓아가면서 발화합니다. 문장을 멈춰가면서 발화 연습을 하면 문장을 멈추고 다시 되돌려서 기억하는 동안에 결과적으로 그 문장의 의미를 모국어로 생각하게 만듭니다.

●　　인토네이션(intonation): '억양'이라는 뜻으로, 음악이나 언어에서 소리의 높낮이를 의미한다.

하지만 연따는 모국어로 생각하는 과정이 없습니다. 문장을 중간에 멈추지 않고 발화하는 연따와는 달리 문장을 끊으면서 발화하는 정따나 repeat의 과정은 다음과 같습니다.

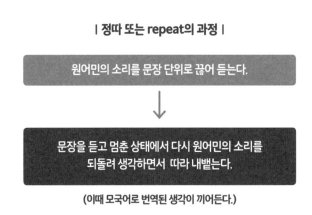

| 정따 또는 repeat의 과정 |

원어민의 소리를 문장 단위로 끊어 듣는다.

↓

문장을 듣고 멈춘 상태에서 다시 원어민의 소리를 되돌려 생각하면서 따라 내뱉는다.

(이때 모국어로 번역된 생각이 끼어든다.)

이 과정은 영어 말하기에 도움이 되지 않습니다. 왜 그런지 자세히 살펴볼까요?

연따는 모국어 개입 없이 영어 소리를 내뱉는 것이 핵심!

정따나 repeat는 원어민이 한 문장을 읽어주면 듣고 있다가 문장이 끝나고 시작합니다. 이때 머릿속에서는 원어민의 소리를 들으며 자기도 모르게 모국어로 일정 정도 해석을 합니다. 그리고 다시 그 해석을 영어로 번역해서 따라 합니다. 이렇게 하려니 문장이 길어지면 따라 할 수가 없어서 한 문장씩 끊어서 따라 하게 되는 것입니다. 이것은 영어 말하기 훈련을 한 것이 아니라 영어를 듣고 빠르게 모국어로 해석한 후 다시 빠르게 영어로 번역하여 말하는 과정입니다. 우리 세대의 영어는 이렇게 영어를 듣고 한국말로 해석한 후 대답을 다시 영작하면서 내뱉는 교육을 충실히 받았습니다. 그래서 영어를 말하려면 머릿속에서 영작 회로가 끊임없이 돌아가고 거기에 이 문장이 문법에 맞는지 자기 검열까지 시작됩니다. 그래서 입을 떼기가 두렵고 힘든 것입니다. 하지만 연따는 그런 것이 아닙니다. 모국어로 해석하는 과정을 없애려면 밖으로 내뱉는 말뿐만 아니라 무의식중에 속으로 중얼거리는 시간을 주지 않아야 합니다. 연따는 머릿속에 가득 찬 소리, 의식 속이든, 무의식 속이든 가득 찬 소리를 내뱉으면서 동시에 쉴 새 없이 따라 하는 과정입니다. 모국어로 생각하거나 번역할 겨를 없이 '연달아 따라 말하기' 때문에 영어를 모국어로 변환하여 생각하는 과정을 최대한 줄이거나 막을 수 있습니다.

오스트리아 출신의 영국 철학자인 비트겐슈타인(Ludwig Josef Johann Wittgenstein)은 "내가 사용하는 언어의 한계가 내가 사는 세상의 한계"라고 말했습니다. 이 말은 언어가 그 사람의 사고를 지배한다는 의미와 통합니다. 우리는 모국어를 내뱉고 머릿속에서 모국어로 생각합니다. 생각은 모국어로 하고 말은 영어로 뱉을 때 그 말은 이미 영어가 아닙니다. 무차별적으로 영어 소리를 노출한 아이의 머릿속에는 한국어를 거치지 않은 수많은 영어 소리가 차고 넘칩니다. 거우 머릿속에 가득 차게 만든 이 영어 소리를 한국어로 해석해서 분해해

버리는 과정을 거치지 않게 해야 합니다. 한국어로 해석할 여유를 주지 않고 빠르게 계속 영어 소리를 쫓아가면서 내뱉는 것, 이것이 바로 연따의 핵심입니다.

한국어로 번역해서 생각하는 것은 더 이상 영어적 사고가 아닙니다. 어색하게 번역된 한국어의 세계일 뿐입니다. 영어는 그들의 사고 방식이 담길 때 좀 더 익숙해지고, 자연스러워지며, 더욱 영어다워집니다. 모국어로 해석하는 과정을 최대한 줄이기 전까지 영어는 우리의 모국어와 다르지 않습니다. 이것이 바로 우리 주변에 있는 수많은 영어책 속의 문장이 영어도 아니고 국어도 아닌 이유입니다.

▲ 무차별적 소리 노출이 끝나면 무차별적 발화 과정
이 필요하다. 특허를 받은 다청다독연따 학습법

연따를 할 때
무조건 책을 덮어야 하는 이유

책을 보면서 따라 말한다면? '연따'가 아닌 '읽기'다

연따는 문자나 그 어떤 스크립트* 없이 소리만 듣고 따라서 말해야 합니다. 많은 사람들이 책을 보면서 소리를 따라 하는 것이 연따라고 착각합니다. 문자를 보면서 소리를 따라 하는 것은 일종의 읽기이지, 말하기가 아닙니다.

- 스크립트(script): (연극, 영화, 방송, 강연 등의) 대본, 원고

눈으로 문자를 보면서 들을 때 어떤 일이 벌어질까요? 귀는 시간의 흐름에 따라 소리를 들어야 하지만, 눈은 문자를 한 번에 볼 수 있습니다. 소리와 문자를 동시에 접했을 때 보통 눈이 빠르기 때문에 소리는 뒤따라 들리거나 들리지 않을 수 있습니다. 연따를 할 때는 귀를 예민하게 한 상태에서 들리는 대로 따라 말해야 하므로 문자를 보는 것은 도움이 되지 않습니다. 연따는 읽기가 아닌 말하기이므로 문자나 스크립트 없이 소리만 듣고 따라 해야 합니다.

연따의 전제 조건 – 귀가 열려있는가

스크립트를 보지 않고, 문장도 끊지 않으면서 들리는 대로 소리만 따라 하는 것을 '연따'라고 하면 도대체 이 어려운 것을 누가 할 수 있냐고 반문합니다. 너무 어렵게 보이나요? 하지만 이 어려운 것을 해내는 아이들이 있습니다. 바로 영어 소리에 충분히 노출된 아이들입니다. 2년에서 3년 이상 영어 소리에 노출된 아이들에게 연따는 크게 어렵지 않습니다. 물론 아직 충분히 영어 소리에 노출되지 않은 아이에게 영어 학습을 시작하면서 연따를 함께 시키려고 하면 아이가 하기 싫어해서 결국 실패합니다. 이렇게 되면 엄마도 고통이고 아이도 영어 거부증이 생길 수 있습니다.

연따는 귀가 어느 정도 열린 아이들이 하는 발화 훈련입니다. 엄마표 영어로 귀가 열린 아이들은 연따 트레이닝이 전혀 어렵거나 힘들지 않습니다. 오히려 말을 하고 싶어서 입이 근질근질거리거나 영어 잠꼬대를 하는 아이들이기 때문에 무척 즐거워합니다. 반대로 연따가 아무리 좋은 발화 훈련이라고 해도 귀가 막힌 아이들에게는 그림의 떡이고 고통입니다. 연따를 할 수 있는 전제 조건은 우선 귀부터 열어주어야 한다는 것입니다. 남의 떡이 커보여서 덥석 물고 싶어도 그럴 수 없습니다. 연따를 제대로 하려면 보통 2년에서 3년이나 3년 6개월 정도의 영어 소리 노출 시간이 필요하다는 것을 꼭 기억하세요.

말하기가 시작되면 영어 혁명이 눈앞에!

"그렇게 오랫동안 기다려야 하다니, 언제 그렇게 하고 있나요?"라고 되물을 수도 있습니다. 너무 길다고요? 정말 그런가요? 우리 엄마들은 학교에서 8년 동안 영어를 공부했는데도 만족할 만한 듣기와 말하기가 되지 않아서 영어에 한이 맺혔습니다. 이런 것에 비한다면 아이의 어린 시절 2~3년은 그렇게 길고 힘든 시간이 아닙니다. 3년의 시간을 투자해서 듣고 말할 수 있는 영어, 여기에 일정 수준의 읽기까지 덤으로 따라오는 영어라면 해 볼 만한 프로젝트

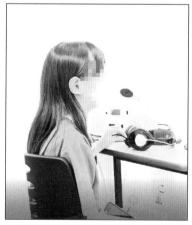

▲ 듣기와 말하기 먼저! 읽기와 쓰기는 그 다음이다.

가 아닐까요?

　좀 더 희망적인 이야기를 해 볼까요? 말하기가 시작되면 엄마표 영어의 목표는 거의 70% 이상 도달했다고 볼 수 있습니다. 귀가 열리고 입이 열리면 이제 읽기와 쓰기에 박차를 가해도 되는 때가 온 것입니다. 듣고, 말하고, 읽게 되면 여기에 무엇을 더해도 쉽게 갑니다. 학습 영어, 시험 영어, 결국 입시로 귀결되는 영어도 듣고, 말하고, 읽고, 쓰면 좀 더 수월해지는 것은 너무도 당연합니다.

　'듣고 말하기가 먼저'입니다! 이것은 천 번을 강조해도 부족하지 않다는 것을 꼭 기억하세요.

Tip 연따 VS 섀도잉의 차이점

귀가 열리지 않은 상태에서 진행하는 섀도잉, 독이 될 수도 있다

섀도잉(shadowing)을 하면 원어민의 말을 그대로 따라 하기 때문에 발음과 억양이 크게 향상되어 원어민과 비슷한 발음을 갖게 되고 영어가 더욱 유창해집니다. 듣는 귀도 예민하게 만들어줄 수 있습니다. 하지만 자칫 내가 들을 수 있는 속도보다 빠른 소리를 들을 경우에는 대부분 놓치게 되어 발음이 엉키고 어물거리다가 그냥 넘어갈 수 있습니다. 또한 아직 귀가 열리지 않았기 때문에 연습할 때마다 미리 훈련을 해야 해서 어린 아이들에게는 힘들고 고통스러울 수 있습니다. 이것이 바로 처음에는 즐겁게 따라 해도 곧 싫증을 느끼고 어려워해서 포기하게 되는 이유입니다.

연따와 섀도잉은 이보다 더 큰 차이점이 있습니다. 섀도잉은 의미를 제대로 파악하지 못한 채 소리만 훈련하는 방법이라면, 연따는 소리를 따라 발화하면서 동시에 의미까지 파악하는 훈련입니다. 그리고 연따는 이미 귀가 열린 아이들이 하기 때문에 머릿속에 넘치는 소리가 발화와 함께 의미로 전환됩니다. 결국 연따와 섀도잉의 가장 큰 차이점은 그것을 하는 주체가 '**누구냐**'입니다. 연따는 귀가 열린 사람들이 하는 것이고 섀도잉은 그렇지 않다는 것이 바로 연따와 섀도잉의 가장 큰 차이점입니다.

연따는 소리를 따라 하면서 의미까지 파악하는 것

귀가 열리지 않은 상태의 섀도잉은 억양이나 발음에 치우친 훈련법이 됩니다. 하지만 귀가 열린 상태에서의 실시간 소리 따라 하기, 즉 연따는 억양이나 발음뿐만 아니라 의미까지 파악할 수 있는 훈련법입니다. 그래서 귀가 열린 아이들은 섀도잉을 사전에 연습 없이 시켜도 바로 합니다.

연따를 한 후 내용을 잘 파악하는지 확인하기 위해 '연따 확인 질문지'를 활용해보세요. 이때 가급적 영어로 질문하세요. 그리고 아이가 질문을 알아들으면 영어로 대답하게 해야 합니다.[*] 결과적으로 연따는 발음이나 억양, 인토네이션을 원어민과 최대한 가깝게 하는 것이 목표인 섀도잉과는 엄청난 차이가 있습니다.

● 영어를 못하는 엄마가 연따를 지도하는 방법에 대해서는 242쪽 참고

머리에 가득 찬 소리를 입 밖으로 내뱉어야 하는 이유

"베스가 그 조그만 손으로 공을 가리키며 처음으로 말했어요.
'공'이라고."

– 영화 <Erin Brockovich> * 중에서

줄리아 로버츠(Julia Roberts)가 열연한 <Erin Brockovich>라는 영화에서 그녀의 막내 아기 베스가 처음으로 '공'이라는 말을 했다는 이야기를 들으며 그녀는 감동의 눈물을 흘립니다. 그녀는 아이 셋을 키우면서 위의 두 아이가 첫 말을 내뱉은 순간은 함께했지만, 막내의 첫 마디를 듣지 못한 것이 무척 아쉬웠습니다. 막내 베스가 세상에 태어나 9개월 만에 처음으로 뱉은 말은 '공'이었습니다. 베스는 작은 손으로 정원의 공을 똑바로 가리키면서 '공'이라고 생애 첫 단어를 말했습니다. 수개월 동안 그 공을 보았고 엄마와 언니, 오빠가 그것을 '공'이라고 부르는 것을 들었을 것입니다. 그리고 마침내 베스도 그것을 손으로 가리키면서 정확하게 '공'이라고 말했습니다.

아이는 태어나서 수많은 소리에 무방비로 노출됩니다. 요람에 누워만 있지만, 아이의 귀로 세상의 모든 소리가 쏟아져 들어옵니다. '엄마', '맘마'라는 소리는 수도 없이 듣겠지만, 아이가 '엄마', '맘마'라고 발화하기 전까지 그것은 그냥 소리였습니다. 하지만 '엄마', '맘마', '공'이라고 말하는 순간에 그 소리는 의미로 전환됩니다. 의미로 전환되지 않았을 때 소리는 그냥 소리였지만, 의미로 전환될 때 그 소리는 언어(말)가 됩니다. 아이는 너무 기쁘고 행복할 때 웃으면서 말합니다.

"너무 행복해!"

행복이 무엇인지 아이는 느낍니다. 이 좋은 기분을 '행복'이라는 말로 내뱉기 전까지 아이는 자신의 감정을 표현할 수 없습니다. 행복은 추상 명사입니다. 손으로 공을 가리키면서 '공'이라고 말할 수 있지만, 행복은 가리킬 수 있는 대상이 없는 말입니다. 아이가 '행복'이라는 단어를 말할 수 있을 때 아이의 현재 상태가 행복으로 정의되고 엄마에게 전달되는 것입니다.

다음은 우리가 잘 알고 있는 김춘수 시인의 시 <꽃>입니다.

....

● 〈Erin Brockovich〉: 〈에린 브로코비치〉

내가 그의 이름을 불러주기 전에는

그는 다만

하나의 몸짓에 지나지 않았다.

내가 그의 이름을 불러주었을 때

그는 나에게로 와서 꽃이 되었다.

이 시를 아이의 말로 바꾸어 보았습니다.

아이가 공의 이름을 불러주기 전에는

'공'은 아이에게

하나의 소리에 지나지 않았다.

아이가 공의 이름을 불러주었을 때

그 소리는 아이에게 의미가 담긴 언어(말)가 되었다.

인간의 언어는 문자가 발명되기 이전에 인류를 생존하게 만드는 도구였습니다. 인류는 문자 없이도 상당한 시간을 생존할 수 있지만, 언어 없이는 이렇게 오랫동안 문화를 이루면서 생존할 수 없었을 것입니다.

25

차라리 엄마가 영어를 못하는 게
나을 수 있다?

엄마의 입을 막아버린 윤아

해외에서 오래 살았기 때문에 영어를 유창하게 잘하는 윤아 엄마
는 윤아의 영어를 제대로 가르치고 싶었습니다. 엄마는 영어가 자신
있었고 가능하면 윤아에게 이중 언어 환경을 만들어주면 좋겠다고
생각했습니다. 그래서 윤아가 어릴 때부터 한글책 한 권, 영어책 한
권씩 같이 읽어주었고 우리말로 한 문장을 말하고 영어로 한 문장을
말하면서 각별히 노력했습니다. 아이에게 두 언어를 번갈아가면서

해 주면 자연스럽게 아이가 두 개의 언어를 구사하리라 생각했습니다. 하지만 결과는 그렇지 않았습니다.

윤아는 엄마가 두 언어를 번갈아 이야기할 때 멍하니 바라볼 뿐이었습니다. 게다가 어느 날부터는 영어로 말을 하는 엄마의 입을 막으며 "하지마, 하지마!"라고 거부했습니다. 그럴수록 엄마는 조바심이 나서 더 열심히 했습니다. 엄마가 그럴수록 윤아는 더 격렬하게 거부하면서 엄마의 입을 막고 영어책을 덮어버렸습니다.

엄마는 엄마대로 힘들었습니다. 아이에게 끊임없이 말을 걸어주고 책을 읽어주는 것이 사실 쉬운 일은 아닙니다. 아이를 위해서 기꺼이 하는 것이지 다른 사람이 시켜서는 할 수 없는 중노동입니다. 잠자기 전에 책 읽어주기만 해도 그렇습니다. 책 두 권만 읽어주어도 목이 아파옵니다. 아이들 책을 수년간 읽어준 엄마라면 이 중노동의 시간을 잘 알 것입니다. 윤아 엄마는 심지어 두 개 언어의 책을 읽어주면서 두 개 언어로 말을 했으니 얼마나 힘들었을까요? 이렇게 힘들게 열심히 시도하는데, 윤아가 입을 막고 거부하니 아이한테 짜증이 나고 화가 났습니다. 결국 윤아는 영어 거부증이 생기고 모든 걸 포기해버리는 사태까지 벌어졌습니다.

글자 앞에서 입을 닫은 민수

대형 어학원 강사 출신인 민수 엄마도 아이의 영어에 대해 남다른 계획을 갖고 있었습니다. 우리나라 입시 현실을 보고 민수의 영어를 초등학교 졸업 시점에는 완성시킨 후 중학교부터는 수학, 과학, 국어 등에 집중해야 한다는 결론을 내렸습니다. 그리고 영어에 관해서는 학습 위주의 기존 방식을 반대하고 언어적으로 접근해야 한다고 생각했습니다. 그렇다고 학습을 하지 않고 마냥 내버려두기에는 중학교 내신 대비에서 무너질 거라는 생각에 적절한 영어 학습 시간을 넣어야 했고 엄마가 직접 가르친다는 계획도 세웠습니다.

민수 엄마는 영어를 이해하기 위해서는 아이의 모국어 발달이 중요하다고 생각했습니다. 그래서 민수가 5세 정도가 될 때까지 기다렸지요. 민수가 5세가 되자 우선 읽을 수 있어야 할 것 같아서 파닉스 교재를 골랐습니다. 재미있는 그림이 가득한 파닉스 교재를 아이가 거부할 것 같지는 않았습니다. 하루에 10분 정도만 투자하려고 시작했던 게 문제가 생겼습니다. 처음에는 파닉스를 잘 따라 하던 민수가 진도가 나갈수록 제대로 이해하지 못했습니다. 영 심드렁하고 싫어했습니다. 단어의 음가를 들려주면 아이는 입을 꾹 다물고 고개만 숙이곤 했습니다. 민수도 힘들고 엄마는 더 힘든 시간을 보내다 '이건 아니다.'라는 생각에 파닉스 수업을 접었습니다.

영어 못하는 엄마도 쉽게 시작하는 엄마표 영어

앞의 두 엄마의 해결책은 사실 간단합니다. 영어를 듣기 먼저 시작했으면 이런 일은 벌어지지 않았을지도 모릅니다. 회화가 유창한 윤아 엄마도 책을 두 개의 언어로 읽어주는 대신 한글책을 더 많이 읽어주고 영어는 소리를 먼저 노출해 주었더라면, 그래서 조금 시간이 지난 후 자연스럽게 영어로 아이에게 말을 걸어주었다면 상황은 훨씬 나아졌을 것입니다. 어학원에서 영어를 가르치던 민수 엄마도 마찬가지입니다. 영어 소리 노출로 어느 정도 영어에 익숙해진 아이에게 파닉스 수업은 수월했을 테니까요.

영어 실력이 유창한 엄마나, 그렇지 못한 엄마나 엄마표 영어의 시작은 사실 너무나 평범하고 쉽습니다. 엄마표 영어의 시작은 '**영어 소리 노출**'입니다. **무엇을 가르치는 것이 아닙니다.** 엄마의 영어 실력이 좋을수록 엄마는 가르치려고 하고 아이가 못하는 것이 눈에 더 잘 들어오면서 아이를 평가합니다. 이것은 아이의 영어 실력에 전혀 도움이 되지 않습니다. 오죽하면 '아이를 가르치다가 화가 나면 내 자식이고 화가 나지 않으면 남의 자식이다.'라는 말이 있을까요? 엄마가 가르치고 재촉하면서 평가하는 환경에서는 아이가 영어를 잘할 것이라고 기대할 수 없습니다. 오히려 주눅 들고 영어를 멀리하겠지요.

엄마표 영어의 시작은 소리 노출이기 때문에 쉽게 접근할 수 있습니다. 10세가 넘은 초등학교 고학년 아이들은 영화를 볼 때도 스토리가 궁금해서 한글 자막을 열어달라고 고집을 부립니다. 하지만 7~8세 아이들은 그렇지 않습니다. 아이의 수준에 맞는 영상이라면 화면 자체에 빠져서 집중합니다. 대사가 없는 영화라도 화면이 재미있으면 곧잘 빠져들곤 하지요. 따라서 영어를 못하는 엄마여도 유튜브(YouTube)나 디즈니플러스(Disney+), DVD 등의 자료를 검색만 해도 되고, 리틀팍스(Little Fox) 같은 좀 더 교육적인 사이트의 도움을 받아도 됩니다.

이와 같이 엄마표 영어의 시작은 검색 노력만 있으면 누구나 시작할 수 있습니다. 아직 시간이 많은 아이에게 재미있는 영상을 보여주는 것이 엄마표 3년 몰입 영어 시작의 전부입니다. 이 방법은 엄마와 아이에게 모두 쉽습니다.

▲ 영어 동화 도서관, 리틀팍스(www.littlefox.co.kr)

엄마표 영어,
워킹맘도 할 수 있다

3년 동안 3시간 투자, 엄마는 하루 1시간만 집중 관리하자

이 책에서 제안하는 하루 3시간씩 3년 로드맵은 장기 프로젝트이지만, 그렇다고 까마득할 만큼 오랜 시간이 필요한 것은 아닙니다. 다만 시작하기 전에 엄마가 확신을 갖고 3년간 꾸준하게 인풋을 채울 수 있을지 엄마 자신을 냉정하게 되돌아보아야 합니다.

하루에 3시간, 그중에서 2시간은 영상 노출이기 때문에 엄마가 적극적으로 개입할 필요가 없습니다. 하지만 영어책 집중 듣기를 하거나 읽기를 하는 1시간은 엄마가 집중해서 아이를 관리해야 합니다. 자신이 3년간 지치지 않고 매일매일 이 작업을 진행할 수 있는지 체크해 보아야 합니다. 그리고 아이를 믿어야 합니다. 느린 아이일수록 더 믿어주어야 합니다. 이렇게 3년간 매일 3시간을 투자하면 아이들은 저절로 자기만의 영어를 가지게 될 것입니다.

워킹맘의 어려움 - 에너지 고갈 & 시간 부족

전업맘이든, 워킹맘이든 아이를 키우는 일은 결코 쉽지 않습니다. 엄청난 에너지와 희생이 따르는 일이지요. 그래도 엄마표 영어를 하기로 결심했다면 이러한 어려움을 이겨내야 합니다.

3년 동안 아이의 영어를 위해서 집중해야 할 일의 우선순위를 정할 필요가 있습니다. 엄마의 시간과 에너지를 확보하기 위해서 적절하게 다른 사람의 도움을 받는 것도 좋습니다. 피곤한 몸과 마음으로 퇴근해서 여기저기 널린 집안일을 하며 아이의 영어까지 챙기려고 한다면 분명히 아이에게 짜증을 낼 확률이 높습니다. 그렇다면 아무리 좋은 학습이라고 해도 하지 않는 것이 낫고 차라리 영어 학원을 보내는 것이 더 좋습니다. 왜냐하면 제가 거듭 강조하지만, 영어보다 더 중요한 것은 아이이기 때문입니다.

워킹맘 엄마표 영어 제안 ① - 집중 관리 시간을 분리하자

하루 3시간의 영어 학습 중에서 엄마와 꼭 같이 하는 시간과 아이 혼자서도 할 수 있는 시간을 분리합니다. 맨 처음 집중 관리가 필요한 활동은 '영상을 보기 시작할 때', '집중 듣기를 시작할 때', '읽기 시작할 때'입니다. 그러다가 나중에는 '집중 듣기'와 '읽기'만 관리하면 됩니다. 이 부분에 얼마만큼의 시간을 엄마와 같이 해야 하는지는 아이들마다 모두 다릅니다.

사실 10세 전 3년간의 엄마표 영어의 처음 시작은 영상 보기가 거의 전부입니다. 그러므로 엄마는 아이가 좋아할 만한 영상을 고르고 보여주면 됩니다. 영화 보기 160분, 집중 듣기 20분으로 진행하는데, 아이가 어리다면 영상으로 다 채워도 무방합니다. 그렇기 때문에 엄마는 영화를 틀어주고 집안일을 하면서 사이사이 아이가 잘 보고 있는지 체크하고 가끔씩 앉아서 같이 보면 됩니다. 시간이 좀 지나면 집중 듣기를 시작하는데, 초기에는 10~20분 정도입니다. 물론 이때는 엄마가 아이에게 딱 붙어서 같이 집중 듣기를 해 주어야 합니다.

엄마표 영어를 어느 정도 진행했으면 영화 보기는 아이 스스로 할 수 있습니다. 처음에는 엄마가 같이 있어야 하지만, 시간이 지남에 따라 활동을 분리할 수 있습니다. 이렇게 되면 엄마가 없어도 되는 시간의 활동은 엄마가 퇴근하기 전에 혼자서 끝내도록 아이를 훈련시킬 수 있습니다. 엄마가 퇴근한 후에는 다른 일을 하면서 지켜봐도 되는 시간의 활동과 꼭 옆에 붙어있어야 하는 시간의 활동만 하면 됩니다. 딸형 영어 아이들의 경우 1년만 지나도 모든 활동을 혼자 할 수 있습니다. 물론 아이들이 자율적으로 이런 활동을 다 해내지 못할 수도 있고, 할 수 있다고 해도 몰래 딴짓을 할 수도 있습니다. 하지만 아이와의 대화를 통해, 또는 적절한 보상을 통해 얼마든지 성공적으로 꾸려나갈 수 있습니다.

워킹맘 엄마표 영어 제안 ② - 미라클 베드타임을 실천하자

김연수 작가의 〈미라클 베드타임〉이라는 책이 있습니다. 아이 셋을 키운 워킹맘인 김연수는 아이들을 일찍 재우는 것을 시작으로 아이와 엄마의 생활을 모두 바꾸자고 이야기합니다. 한마디로 일찍 자고 일찍 일어나는 아침형 인간이 되자는 책입니다.

엄마의 출근과 아이들 등교 준비 때문에 오전이 전쟁 같았지만, 기상 시간을 일찍 앞당기자 훨씬 평화롭고 여유로워졌습니다. 아이들도 차분하게 준비물을 챙기고 여유 있게 아침밥을 먹으면서 스스로 책을 읽을 수도 있습니다. 이런 활동은 아이들을 좀 더 자발적으로 만들어서 생활뿐만 아니라 학습적인 면에서도 큰 변화를 가져왔습니다.

김연수는 이렇게 일찍 잠드는 시간을 '미라클 베드타임(miracle bedtime)'이라고 부릅니다. '미라클 모닝(miracle morning)'에 버금가는 '미라클 베드타임'이라는 개념에 저는 고개를 끄덕였습니다. 물론 사람마다 체질도 다르고 집안 환경이 달라서 모두에게 이 방법이 통하지는 않을 것입니다. 그래도 워킹맘이 이렇게 오전 위주로 시간을 쓰는 것이 어떨까 생각해 보았습니다.

아침에 일찍 일어나면 엄마의 에너지가 아직 지치지 않을 시간이어서 아이들에게 짜증을 덜 냅니다. 아이들이 종일 엄마만 기다리다가 엄마가 퇴근하면 같이 있고 싶어 해서 일찍 재우기가 힘들 경우에는 이 방법이 적절하지 않을 수도 있습니다. 하지만 방법이 아주 없는 것은 아닙니다. 퇴근하고 아이들과 집중적으로 한두 시간 정도 보내고 아이들을 잠자리에 들게 만드는 것입니다. 그리고 엄마도 최소한의 일만 하고 같이 일찍 잠드는 것이지요. 다음 날 아이들과 함께 오전 6시에 일어납니다. 아이들은 아직 어리기 때문에 일찍 자면 일찍 일어납니다. 사춘기 아이들이 아니어서 엄마 몰래 핸드폰을 하느라 늦게 잠들지도 않습니다.

일찍 일어나면 엄마와 꼭 같이 해야 하는 활동(집중 듣기+읽기)을 합니다. 1시간을 아이들과 같이 하고 나머지 시간에는 다른 일을 하면서 아이들을 지켜보기만 해도 되는 영상 보기를 합니다. 이 사이에 엄마는 출근 준비를 하면서 아침 준비도 합니다. 이렇게 오전에 2시간 정도의 영어 시간을 확보하면 오후에는 1시간 정도만 하면 됩니다. 엄마가 직장에 있는 동안 아이들은 낮에 1시간 정도 영화를 스스로 볼 수 있을 것입니다. 엄마의 직장이 멀어서 오전 6시에 일어날 경우에는 시간을 확보하기 어려울 수도 있습니다. 하지만 다방면으로 시간을 확보하기 위한 노력을 해 보면 방법은 있을 테니 잘 찾아보기를 바랍니다.

워킹맘 엄마표 영어 제안 ③ – 주말 시간을 적극 활용하자

3년간 엄마표 영어 스케줄은 주 5~6회를 진행하고 하루는 쉬어야 합니다. 월요일부터 금요일이나 토요일까지 진행하고 일요일은 쉬는데, 워킹맘의 경우 주말은 출근하지 않으므로 엄마표 영어를 진행할 요일을 재배치해 보세요. 보통 주말에는 쉬지만, 워킹맘은 적극적으로 주말을 활용하면 좋습니다. 예를 들어 주말을 포함해서 토, 일, 월, 화, 수, (목) 이렇게 일주일을 잡아봅니다. 특히 토, 일은 아이들도 학교에 가지 않아서 시간을 더 많이 쓸 수 있습니다. 또는 수, 목, 금, 토, 일, 이렇게 재배치할 수도 있습니다.

주말에는 아이들과 함께 도서관이나 대형 서점을 방문해서 직접 영어책을 살펴보고 골라보는 활동을 합니다. 물론 주말은 쉬고 싶고, 집안 행사도 있으며, 아이들과 여행도 가고 싶고, 밀린 집안일도 해야 할 것입니다. 하지만 워킹맘이면서 엄마표 영어를 하고 싶다면 어느 하나는 포기할 수밖에는 없습니다. 꼭 해야 할 일의 우선순위를 정하고 3년간은 아이들의 영어를 위해서 꼭 필요한 일만 하는 용기가 절대적으로 필요합니다.

저는 지금 워킹맘이지만, 전업맘 시절에 두 아이를 키웠습니다. 그래서 어린 아이를 키우면서 일하는 워킹맘이 얼마나 힘들지 잘 압니다. 전업맘이든, 워킹맘이든 아이를 키우는 일은 무척 고됩니다. 강력한 책임감뿐만 아니라 사랑이 필요하지요. 아이를 위해 어느 시기에는 내 모든 것을 희생해야 하는 시간이 있습니다. 그러므로 남편과 적절하게 일과 책임을 나누는 지혜도 필요하고, 할 수 없는 일에 관해서는 두 눈을 질끈 감고 모른척해 버리는 용기도 필요합니다. 하지만 분명한 것은 엄마표 영어 3년의 시간 동안 아이뿐만 아니라 엄마도 바뀔 수 있습니다. 내 몸이 너무 피곤하고 마음에 여유가 없으면 아이에 대한 믿음도, 함께하는 시간에 대한 확신도 갖기 힘듭니다. 엄마가 너무 바빠서, 아이가 못 따라 해서, 또는 3년간의 영어 몰입의 방법이 잘못되어서 실패하는 것이 아니라 내 몸과 마음이 너무 피곤해서 버틸 에너지가 없기 때문에 중도에 포기하는 것입니다. 힘든 시간이 되겠지만 부디 몸과 마음의 에너지를 무사히 유지해서 3년을 잘 버텨내기를 꼭 당부합니다.

넷째
마당

'영알못'을 위한
엄마표 영어
완전 정복

엄마표 영어 준비 운동 ❶

: 마인드 체크 리스트 :

엄마표 영어는 엄마가 영어를 잘하는 것보다 아이에 대한 믿음이 최우선입니다. 이 과정은 엄마가 포석을 깔고 로드맵을 그리면서 아이와 함께하는 장기전입니다. 3년 동안 꾸준히 진행해야 하기 때문에 몇 가지 사항을 점검해 보겠습니다. 중도 포기를 방지하기 위해서 엄마 자신이 어떤 사람인지, 영어책에 대한 지식과 영어 실력은 어느 정도인지 등 네 가지 항목 정도 살펴보겠습니다.

| **'영알못' 엄마를 위한 네 가지 체크 리스트** |

1. 마인드 체크 리스트   2. 영어 실력 체크 리스트

3. 영어 원서 지식 체크 리스트   4. 영화 지식 체크 리스트

엄마의 마인드는 어떤 상태인가

우선 엄마의 마인드부터 체크해 보겠습니다. 각 항목별로 Yes 또는 No에 체크해 보세요.

| **마인드 체크 리스트** |

	Yes	No
1. 나는 확신이 있는 일은 꾸준히 할 수 있는 사람이다.	☐	☐
2. 남의 말에 잘 휘둘리는 사람이 아니다.	☐	☐
3. 나는 아이를 믿고 아이에게 자율성을 주는 엄마이다.	☐	☐
4. 나는 매일 루틴을 중시하는 사람이다.	☐	☐

루틴 적어보기, 영어 일지 쓰기, 3년 후 아이 모습
이미지화하기 등의 내용을 적어도 좋다.

앞의 체크 리스트 항목 중 Yes가 세 개 이상이면 엄마표 영어를 시작하기 좋은 마인드를 갖고 있는 엄마입니다. 하지만 Yes가 두 개 이하이면 준비가 필요합니다. 먼저 자신이 어떻게 하루 24시간을 사용하고 있는지 살펴보세요. 꼭 영어 때문이 아니어도 그냥 흘러가버릴 수 있는 시간을 되짚어보는 것은 여러모로 좋습니다.

① 자신의 생활 기록하기

약 일주일 정도 기간을 정해놓고 바쁘게 지나가는 하루의 일상을 기록해 봅니다. 주된 일과와 갑작스럽게 생기는 일, 꼭 해야 하는 일, 별로 급하지 않은데도 시간을 많이 보내는 일 등을 기록하다 보면 하루 24시간을 어떻게 쓰고 있는지 객관적으로 볼 수 있습니다.

② 하루의 일상 기록하기

기상 시간을 체크하고 가사 업무도 좀 더 세밀하게 점검해 봅니다. 무슨 일을 하면서 가장 많은 시간을 보내는지, 가사를 효율적으로 몰아서 하는지, 좀 더 시간을 절약할 수 있는지 등을 체크합니다. 물론 휴식 시간이 필요하지만, 생각보다 무의미하게 흘러가는 시간이 많음을 알게 될 것입니다.

③ 하루의 시간을 잘 배분한 루틴 만들기

하루를 어떻게 보내는지 파악하고 나면 시간을 조직화하고 일정한 루틴을 만들 수 있습니다. 정해진 시간에 기상하고 일정한 시간에 집안일을 합니다. 아이가 학교에서 돌아오면 언제 영어를 시작할지 정하고 그 시간만큼은 다른 일에 방해받지 않도록 주변을 깨끗하게 정리합니다. 처음에는 쉽지 않겠지만 포기하지 않도록 시간을 잘 배분합니다.

④ 아이의 장점 적어보기

아이를 믿고 먼 길을 가야 하기 때문에 첫 시작 단계에서는 아이의 장점부터 적어봅니다.

⑤ 미래의 모습 이미지화하기

엄마와 같이 영어를 진행하면서 조금씩 변화될 아이의 미래를 이미지화합니다. 영화를 보고, 책을 읽으며, 영어 말하기를 하는 모습을 이미지화하면서 확신을 갖습니다.

⑥ 영어 공부 일지 기록하기

아이와 진행하는 영어 공부 상황을 날짜별로 기록합니다. 영화 보기, 듣기, 책 읽기 등의 세부 항목을 나누어서 기록하면 아이의 성장 과정이나 변화되는 모습, 그리고 아이가 좋아하고 싫어하는 것을 정확하게 파악할 수 있습니다.

엄마표 영어를 시작할 때 처음에는 3시간 전부 영어 소리 노출로 채워지는 경우가 많습니다. 따라서 엄마는 아이에게 영화를 틀어주는 정도의 역할만 하면 됩니다. 그리고 한 가지 더 있습니다. 그날그날의 영어 일지를 기록하는 것입니다. 어떤 영화를 몇 분 정도 보았으며, 아이의 반응은 어떠했는지에 대한 기록으로, 영어 육아 일기라고 생각하면 좋습니다. 온라인 공간에 써도 되고 오프라인으로 노트에 기록해도 됩니다.

이 기록은 정말 중요합니다. 아이와 함께 먼 길을 가야 하기 때문에 아이가 좋아하는 영화를 중심으로 영어 공부 시간을 배치하면 좋습니다. 그날그날 아이의 반응과 작은 변화를 기록하는 것이 나중에는 큰 도움이 되고 학습의 역사로 남습니다. 가능하면 매일매일 영어 학습 시간과 내용을 기록하고 보관하세요. 이러한 기록이 나중에 어떻게 사용될지 모를 일이고 꼭 사용하지 않아도 엄청난 추억의 기록으로 남을 것입니다. 혹시 알아요? 아이가 나중에 결혼해서 아이를 낳고 엄마표 영어를 할 때 자신이 했던 이 기록이 큰 도움이 될지요.

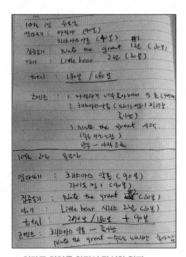

▲ 엄마표 영어를 하면서 작성한 일지

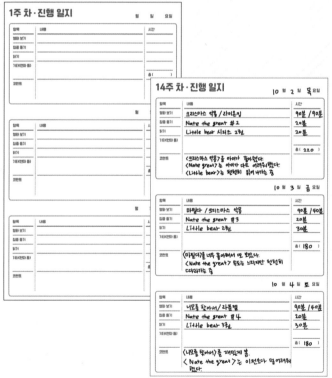

1주 차 · 진행 일지   월   일   요일

항목	내용	시간
영화 보기		
집중 듣기		
읽기		
기타(뭔가 등)		
코멘트		총( )

14주 차 · 진행 일지   10 월 2 일 **목** 요일

항목	내용	시간
영화 보기	크리스마스 악몽 / 라이온킹	90분 / 90분
집중 듣기	Nate the great #2	20분
읽기	Little bear 시리즈 2권	20분
기타(뭔가 등)		
코멘트	〈크리스마스 악몽7〉를 아이가 좋아했다. 〈Nate great7〉는 아이가 다소 어려워했다. 〈Little bear7〉는 편안히 읽어 나가는 중	총(220)

10 월 3 일 **금** 요일

항목	내용	시간
영화 보기	마틸다 / 크리스마스 악몽	90분 / 40분
집중 듣기	Nate the great #3	20분
읽기	Little bear 2권	30분
기타(뭔가 등)		
코멘트	〈마틸다7〉 너무 좋아해서 또 봤다. 〈Nate the great7〉 속도는 느리지만 천천히 따라가는 중	총(180)

10 월 4 일 **토** 요일

항목	내용	시간
영화 보기	니모를 찾아서 / 라푼젤	90분 / 40분
집중 듣기	Nate the great #4	20분
읽기	Little bear 3권	30분
기타(뭔가 등)		
코멘트	〈니모를 찾아서〉를 재밌게 봄. 〈Nate the great〉는 이전보다 덜 어려워했다.	총(180)

▲ 별책부록 〈엄마표 영어 3·6·5 성공노트〉 1년 차를 성공하면 2, 3년 차도 가능해진다.

엄마표 영어 준비 운동 ❷

: 영어 실력 체크 리스트 :

엄마의 영어 실력은 어느 수준인가

다음은 엄마의 영어 실력을 점검하는 항목입니다. 175쪽에 나오는 체크 리스트를 참고하여 각 항목별로 Yes 또는 No에 체크해 보세요.

	Yes	No
┃영어 실력 체크 리스트┃		
1. 나는 영어를 유창하지는 않지만 읽을 수 있다.	☐	☐
2. 나는 영어를 잘 읽을 수 있다.	☐	☐
3. 나는 영어를 잘 읽을 수는 있지만 회화는 할 수 없다.	☐	☐
4. 나는 영어를 잘 읽고 초급 수준의 영어 회화를 할 수 있다.	☐	☐
5. 나는 영어를 잘 읽고 중급 수준의 영어 회화를 할 수 있다.	☐	☐
6. 나는 영어를 잘 읽고 영어 회화가 유창하다.	☐	☐

여기서 Yes가 네 개 이상이면 엄마표 영어를 진행할 수 있습니다. 하지만 Yes가 하나도 없다면 문제가 됩니다. 엄마표 영어는 영어를 잘할 필요는 없지만, 영화를 고르고 아이에게 틀어주는 것이 기본입니다. 또한 영어책을 직접 고르고 구매도 해야 하는데, 이것은 기본적인 영어를 읽을 수 있어야 가능합니다. 만약 엄마가 영어를 읽지 못한다면 이 부분에서 어려움을 겪을 수 있습니다.

솔루션 영어 읽기가 힘들다면 엄마도 영어 공부 추천!

엄마표 영어를 하고 싶은데 영어 읽기가 힘든 엄마에게 어떤 솔루션을 줄 수 있을지 고민해 보았습니다. 제가 아는 영어 강사는 주로 성인들, 그중에서도 엄마들을 대상으로 수업을 합니다. 엄마표 영어를 하고 싶어도 영어를 읽을 수가 없기 때문에 엄두를 못 내서 찾아오는 엄마들이 의외로 많다고 했습니다.

저는 나이가 들어서 뒤늦게 굳이 원하지도 않는 일을 할 필요는 없다고 생각합니다. 세상에는 하고 싶은 일도, 즐거운 일도 많으니까요. 하지만 영어를 읽지 못하는 것이 마음 속 깊이 한으로, 부끄러움으로 남아있다면 영어 공부에 한 번은 다시 도전해 보아도 좋을 것입니다. 좀 더 용기를 드리면 어른들은 아이들보다 더 빨리 읽을 수 있습니다. 발음 규칙을 이해하는 것도 더 빠르고 의욕과 동기가 있기 때문에 더 열심히 공부할 수 있습니다.

세상에는 영어를 익힐 수 있는 재료가 차고 넘칩니다. 유튜브에도 좋은 콘텐츠가 많고 시중에 교재들도 많습니다. 요즘에는 누구나 영어 읽기 정도는 가능합니다. 진정 엄마표 영어를 원한다면 영어를 읽고 싶다는 그 마음부터 끌어올리세요. 아이에게 비밀로 하고 싶다면 아이보다 1시간 먼저 일어나거나 늦게 잠들어보세요. 이렇게 만든 1시간을 영어에 투자하면 됩니다.

영어를 다시 배우겠다고 결심했다면 역시 공교육 교과서가 좋습니다. 초등학교 영어 교과서도 좋고 중학교 1학년 영어 교과서도 정말 좋습니다. 이들 책은 대부분 음원과 같이 제공되기 때문에 음원을 틀어놓고 책을 보면 됩니다. 게다가 시중에 자습서가 있기 때문에 해석을 참고할 수도 있지요. 음원을 틀어놓고 여러 번 반복해서 글자를 보고 따라 읽기도 해 보세요.

엄마표 영어는 아이에게 줄 책의 내용을 모두 알 필요는 없기 때문에 최소한 제목만 읽을 수 있으면 원서를 주문하는 데 문제가 없습니다. 영어를 읽을 수 있게 되기까지 생각보다 시간이 더 걸릴 수 있습니다. 그래도 엄마표 영어를 원한다면 도전해 보세요.

엄마의 믿음은 아이를 성장시킨다

175쪽의 체크 리스트는 엄마표 영어를 시작할 때 자신이 어느 정도 관리 능력이 있는지 객관적으로 보자는 것이지, 시작부터 기를 죽이려는 의도는 절대로 아닙니다. 유럽 프리미어리그를 주름잡는 손흥민 선수의 아버지가 축구를 잘한 것이 아닙니다. 온갖 소스로 맛을 내어 멋지게 꾸민 유명한 셰프의 음식만이 아이를 살찌우는 것은 아닙니다. 투박하지만 정성을 다해서 만든 엄마의 하루 세 끼 음식이 아이를 자라게 하는 양식입니다. 엄마의 영어 실력보다 필요한 것은 엄마의 믿음과 확신, 그리고 꾸준한 기다림입니다.

3년 후 엄마와 아이의 달라진 모습을 기대하며

엄마표 영어 3년이 지나면 아이의 영어 실력뿐만 아니라 엄마도 많이 변해 있습니다. 아이와 함께한 소중한 시간과 추억이 쌓여있을 것이고 영화뿐만 아니라 영어책과 관련된 해박한 지식까지 갖게 됩니다. 아이가 영어를 깨우쳐가는 과정을 경험하면서 깨달음을 얻게 되고 3년간 꾸준히 지속했다는 것만으로도 스스로 괜찮은 사람이라고 생각하는 자존감까지 생깁니다.

정말 멋진 3년의 시간이지요? 저는 이 3년의 시간을 고스란히 지나왔고 지금은 제 아이가 아닌 다른 아이들과 영어를 함께하면서 15년이라는 흥분의 시간을 보내고 있습니다. 생각해 보면 정말 기적과 같은 시간입니다. 제 아이를 바꾸고 제 인생을 바꾼 그 시작이 바로 이 엄마표 영어를 했던 그 3년입니다. 엄마표 영어를 시작하는 후배 엄마들도 이런 가슴 벅찬 시간을 갖게 되기를 진심으로 바랍니다.

29

엄마표 영어 준비 운동 ❸
: 영어 원서 지식 체크 리스트 :

엄마의 영어 원서 지식은 어느 정도인가

다음은 엄마의 영어 원서에 관한 지식을 체크하는 항목입니다. 180쪽에 나오는 체크 리스트를 참고하여 각 항목별로 Yes 또는 No 에 체크해 보세요. Yes가 많을수록 좋지만, 그렇지 않다면 다음의 솔루션을 참고해서 기본 지식을 다질 필요가 있습니다.

영어 원서 지식 체크 리스트	Yes	No
1. 나는 책 전반에 대한 기본 지식이 있다.	☐	☐
2. 아이들에게 한글책을 많이 읽어준 경험이 있다.	☐	☐
3. 영어책에 대한 기본 지식이 있다.	☐	☐

솔루션 영어 원서에 대한 기본 지식을 탄탄하게 다지자

한글책을 꾸준히 읽어준 엄마라면 책의 힘을 알고 있습니다. 문자만 한글에서 영어로 바뀌었기 때문에 영어책의 힘도 곧 알게 될 것입니다. 하지만 영어 원서를 잘 모른다면 기본적인 공부를 해야 하는데, 그렇게 어렵지는 않으니 잘 따라해 보세요.

리더스북(Readers Book)

리더스북은 읽기를 막 시작한 아이들을 위한 책입니다. 1단계는 주로 10여 쪽의 분량으로 한 쪽에 한두 문장 정도로만 구성되어 있어서 읽기를 시작한 아이들이 읽기에 적합합니다.

이 책은 심플한 그림과 반복되는 캐릭터가 나오는 것이 특징입니다. 단계가 나뉘어 있지만, 단계가 높아도 크게 어렵지 않습니다.

ㅣ <An I Can Read Book> 시리즈
ㅣ <Oxford Reading Tree> 시리즈
ㅣ <Puffin Easy to Read> 시리즈
ㅣ <Ready to Read> 시리즈
ㅣ <Step into Reading> 시리즈

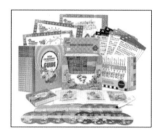

▲ 리더스북 시리즈 모음

스토리북(Story Book)

스토리북은 작가의 창작 동화가 그림과 함께 구성되어 있습니다. 이 책은 그림책이라는 점에서 리더스북과 비슷하지만, 리더스북처럼 쉽게 읽기를 도와주는 책이 아닙니다. 스토리북은 작가가 전하려는 주제와 이야기가 들어있고 그림책이지만 쉬운 단어나 문장으로만 이루어져 있지 않습니다. 스토리북은 주로 유명 작가별로 작품이 있습니다.

스토리북 ⋯⋯⋯⋯⋯⋯⋯⋯⋯⋯⋯⋯⋯⋯⋯⋯⋯⋯⋯⋯⋯⋯⋯⋯⋯⋯⋯

ㅣ <All Aboard Reading> 시리즈
ㅣ <Learn to Read> 시리즈
ㅣ <Scholastic Readers> 시리즈
ㅣ 머서 메이어(Mercer Mayer) 책
ㅣ 모리스 센닥(Maurice Sendak) 책
ㅣ 앤서니 브라운(Anthony Browne) 책
ㅣ 에릭 칼(Eric Carle) 책 ㅣ 존 버닝햄(John Burningham) 책
ㅣ 캐빈 행크스(Kevin Henkes) 책

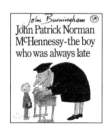

▲ 존 버닝햄(Jonh Burningham) 책

챕터북(Chapter Book)

리더스북과 스토리북이 그림이 많고 짧은 이야기로 구성되어 있다면, 챕터북은 그림보다는 이야기가 중심인 책입니다. 책의 분량도 40~60쪽 이상 길어집니다. 내용이 길기 때문에 챕터별로 이야기가 나뉘어져 있고 보통 시리즈로 구성됩니다. 스토리북에서 챕터북으로 자연스럽게 연결해 주는 얼리 챕터북도 있습니다.

챕터북 ·······

| <A to Z> | <Andrew Lost>
| <Arthur's Chapter Book> | <Cam Jansen>
| <Encyclopedia Brown> | <Horrible Harry>
| <Horrid Henry> | <Jigsaw Jones> 시리즈
| <Junie B. Jones> 시리즈 | <Katie Kazoo>
| <Magic Tree House> | <Marvin Redpost>
| <Nate The Great>
| <Tiara Club>
| <Wayside School>
| <Zack Files>

▲ 챕터북 시리즈 모음

뉴베리 수상작(Newbery Honor)

뉴베리상은 미국도서관협회에서 한 해 동안 발간된 아동 문학 작품 중에서 가장 우수한 작품을 선정해서 주는 상으로, 이 상을 받은 아동 문학 작품을 '뉴베리 수상작'이라고 합니다. 이 상은 미국 작가의 작품 중에서 선정하기 때문에 미국의 역사나 문화가 배경인 작품이 많습니다. 뉴베리 수상작은 영어 원서 읽기가 상당 시간 진행되고 나면 좋은 책을 고르는 기준이 되기도 합니다.

칼데콧 수상작(Caldecott Award)

칼데콧상은 미국도서관협회에서 한 해 동안 발간된 아동 문학 작품 중에서 삽화(그림)가 우수한 작품의 그림 작가에게 수상하는 상으로, 이 상을 받은 아동 문학 작품을 '칼데콧 수상작'이라고 합니다. 칼데콧상은 내용보다는 삽화 위주의 상입니다.

AR 지수 표기 도서

AR 지수는 미국 르네상스러닝(Renaissance Learning)에서 개발한 독서 학습 관리 프로그램인 Accelerated Reader에서 제공하는 레벨입니다. 즉 각 도서에 사용한 문장의 길이와 어휘의 개수, 난이도 등을 종합하여 도서에 부여한 레벨을 수치화한 지수입니다. 보통 미국 학년을 기준으로 하기 때문에 'AR 2'라고 하면 미국 초등학교 2학년의 교과서 수준을 의미합니다.

SR 지수

AR 지수가 책에 부여한 레벨 수치라면 SR(Star Reading) 지수는 학생에게 부여한 레벨 수치입니다. 테스트를 통해서 학생의 SR 지수를 부여하고 그에 맞는 AR 지수의 도서를 읽도록 지도하게 됩니다.

영어 원서를 파악하려면 오프라인 영어 서점을 찾아보는 것이 좋습니다. 요즘은 오프라인 영어 서점이 많이 사라졌지만, 지역에 한두 곳은 있으니 위치를 검색해서 자주 방문해 보세요. 처음에는 영어 원서가 너무 많아서 막막할 수 있습니다. 하지만 영어 원서를 한 권씩 자주 펼쳐보고 살펴보면 점점 익숙해질 것입니다. 오프라인 영어 서점에 가기 전에 온라인에서 영어 원서를 검색해도 됩니다. 포털 사이트에서 '엄마표 영어원서'라는 키워드로 검색해 보면 정말 많은 책이 검색됩니다. 엄마표 영어를 하고 있는 엄마들이 친절하게 레벨별로 영어 원서를 정리해서 올려놓은 자료도 정말 많습니다. 그러므로 온라인에서 영어 원서를 먼저 검색해 보고 꼭 오프라인 서점에 가서 실제로 찾아보기를 권합니다.

▲ 포털 사이트에서 '엄마표 영어원서'로 검색한 결과 화면

내 아이에게 적합한 영어 원서를 한 권씩 찾아보면서 제목을 체크하고 페이지를 넘기다 보면 넓은 영어 원서의 문이 열릴 것입니다. 요즘 오프라인 서점들은 주말에는 영업하지 않기 때문에 바쁜 워킹맘은 좀 힘들 수 있습니다. 하지만 주말에 근처 도서관을 방문하면 영어 원서를 볼 수 있습니다. 또한 영어 전문 서점이 아닌 대형 서점의 한 코너에는 영어 원서를 일정 정도 비치해 놓기 때문에 제한

적이지만 원서를 볼 수 있습니다.

영어 원서는 꼭 실물을 보고 직접 넘겨보면서 글밥이 어느 정도인지 체감해 보는 것이 중요합니다. 아이가 태어나고 처음에 한글책을 읽어줄 때도 엄마들이 처음부터 한글책의 정보를 제대로 알고 있지는 않습니다. 아이에게 책을 읽어주고 아이의 성장에 따라 맞는 책을 고르면서 아이에게 반응이 좋았던 책을 찾고, 그러면서 한글책에 대해서도 지식을 갖게 됩니다. 영어책도 마찬가지입니다. 온라인에서 검색한 후 오프라인 서점을 방문해서 직접 손으로 만져본 후 한 권씩 사서 아이에게 보여주고 오디오를 틀어주다 보면 영어 원서 전문가 엄마가 될 수 있습니다.

▲ 대형 서점의 영어 원서 코너

30

엄마표 영어 준비 운동 ❹
: 영화 지식 체크 리스트 :

엄마의 영화 지식은 어느 정도인가

아이에게 무차별적으로 영어 소리를 노출하려면 엄마에게도 어느 정도의 영화 지식이 필요합니다. 187쪽에 나오는 체크 리스트를 참고하여 각 항목별로 Yes 또는 No에 체크해 보세요. 두 항목 모두 Yes이면 좋지만, 아니어도 큰 문제는 되지 않습니다.

영화 지식 체크 리스트	Yes	No
1. 나는 영화에 대한 기본 상식이 있다.	☐	☐
2. 나는 영화를 즐겨 본다.	☐	☐

솔루션 아이가 좋아하는 영화를 찾아보자

엄마표 영어를 하는 동안 가장 많은 시간을 보내는 것은 바로 영상 노출, 즉 영화 보기입니다. 특히 영상은 아이들이 재미있고 좋아하는 작품 위주로 학습하는 것이 효과적이기 때문에 아이에게 잘 맞는 영화나 영상을 찾는 것이 중요합니다.

엄마 자신이 영화에 관심이 없다면 이 부분에도 노력해야 합니다. 7세나 8세에 시작하는 영어는 아이가 아직 어리기 때문에 '전체 관람가' 영화에서 선택해야 합니다. 영어 원서처럼 영화도 엄마가 직접 골라주다 보면 아이의 성향을 파악할 수 있습니다. 이때 선정적이거나 공포스러운 호러물은 당연히 피해야 합니다. 책을 영화화한 작품이 많기 때문에 영화를 즐겨보다가 나중에 책 읽기를 하게 되면 내용을 훨씬 쉽게 이해할 수 있습니다.

영화 추천 ① - TV 시리즈

수많은 영상이 넘쳐나고 아이들마다 좋아하는 시리즈도 다르지만, 그중에서도 아이들에게 큰 인기를 끌었던 시리즈와 영화 목록입니다.

TV 시리즈

| <Angelina Ballerina> 시리즈(여)
| <Arther> 시리즈 | <Barbie> 시리즈(여)
| <Between The Lions> 시리즈
| <Blue's Clues> 시리즈 | <Caillou> 시리즈
| <Clifford> 시리즈 | <Curious George> 시리즈
| <Dora The Explorer> 시리즈 *
| <EQ의 천재들> 시리즈
| <Flanklin and Friends> *
| <Geronimo Stilton> 시리즈

▲ <Caillou> 시리즈

| <Horrid Henry> 시리즈(공, 남) | <Kim Possible> 시리즈 | <Little Bear> 시리즈
| <Magic Key> 시리즈 | <Magic School Bus> 시리즈 | <Max & Ruby> 시리즈
| <Peppa Pig> 시리즈 | <PJMASKS> 시리즈 *(공, 남) | <Rugrats> 시리즈
| <Sesame Street> 시리즈 | <The Adventures of TINTIN> *
| <The Berenstain Bears> 시리즈 * | <The Jungle Book> 시리즈
| <The Powerpuff Girls> 시리즈 | <The Smirfs> 시리즈 *
| <Thomas The Tank Engine & Friends> * (남)
| <Timothy Goes to School> * | <Tinker Bell> 시리즈(여)

· 여(남): 유난히 여아(남아)가 좋아할 때
· (공, 여): 모두 좋아하지만 여아가 더 좋아할 때
· (공, 남): 모두 좋아하지만 남아가 더 좋아할 때

● 〈Dora The Explorer〉 시리즈: 〈도라도라 영어나라〉 시리즈
〈Flanklin and Friends〉: 〈꼬마 거북 플랭클린〉
〈PJMASKS〉 시리즈: 〈파자마 삼총사〉 시리즈
〈The Adventures of TINTIN〉: 〈땡땡이의 모험〉
〈The Berenstain Bears〉 시리즈: 〈우리는 곰돌이 가족〉 시리즈
〈The Smirfs〉 시리즈: 〈개구쟁이 스머프〉 시리즈
〈Thomas The Tank Engine & Friends〉: 〈토머스와 친구들〉
〈Timothy Goes to School〉: 〈티모시네 유치원〉

영화 추천 ② - 초등학교 저학년 중심

초등학교 저학년 ··

| <101 Dalmatians>*
| <A Bug's Life> | <Aladdin> 시리즈
| <Alice in Wonderland>
| <Alvin and The Chipmunks> 시리즈
| <Annie> | <Antz> | <Atlantis>
| <Avatar: The Last Airbender>*(남)
| <Beauty and The Beast> 시리즈(여)
| <Beethoven> | <Bionicle> 시리즈(남)
| <Bolt> | <Brave>* | <Bridge to Terabithia>*
| <Buzz Lightyear of Star Command>*(공, 남) | <Cars> 시리즈(남)
| <Charlie and The Chocolate Factory> | <Charlotte's Web>
| <Chicken Run> | <Cloudy with A Chance of Meatballs>* 시리즈
| <Coco> | <Corpse Bride>* | <Despicable Me>*
| <Diary of A Wimpy Kid> 시리즈 | <Frozen> 시리즈
| <Garfield> 시리즈 | <Finding Nemo> | <Flushed Away>
| <Hercules> | <Home Alon> 시리즈
| <Honey, I Shrunk The Kids> 시리즈* | <Hoodwinke> 시리즈*
| <Hotel Transylvania> 시리즈* | <How to Train Your Drago> 시리즈*

▲ <Mulan> 시리즈

··

● 〈101 Dalmatians〉: 〈101마리 달마시안〉
〈Avatar: The Last Airbender〉: 〈아바타: 아앙의 전설〉
〈Brave〉: 〈메리다와 마법의 숲〉
〈Bridge to Terabithia〉: 〈비밀의 숲 테라비시아〉
〈Buzz Lightyear of Star Command〉: 〈우주전사 버즈〉
〈Cloudy with A Chance of Meatballs〉 시리즈: 〈하늘에서 음식이 내린다면〉 시리즈
〈Corpse Bride〉: 〈유령 신부〉
〈Despicable Me〉: 〈슈퍼배드〉
〈Honey, I Shrunk The Kids〉 시리즈: 〈애들이 줄었어요〉 시리즈
〈Hoodwinke〉 시리즈: 〈빨간 모자의 진실〉
〈Hotel Transylvania〉 시리즈: 〈몬스터 호텔〉
〈How to Train Your Drago〉: 〈드래곤 길들이기〉

| <Ice Age> 시리즈 | <Inside Out> | <Jimmy Neutron>(남)

| <Jumanji> | <Kung Fu Panda> 시리즈

| <Lemony Snicket's A Series of Unfortunate Events>*

| <Lilo & Stitch> 시리즈 | <Lion King> 시리즈 | <Madagascar> 시리즈

| <Mary Poppins> | <Matilda> | <Moana> | <Monsters VS Aliens>

| <Mrs. Doubtfire> | <Mulan> 시리즈 | <My Secret Cache>*

| <Nanny McPhee> 시리즈 | <Night at The Museum> 시리즈*

| <Peter Pan> | <Pocahontas> | <Puss in Boot> | <Rapunzel>

| <Ratatouille> | <Shark Tale> | <Shiloh> | <Shrek> 시리즈 | <Sinbad>

| <SpongeBob> 시리즈 | <Spy Kids> 시리즈

| <Star Wars: Clone Wars>(남) | <Stuart Little> 시리즈

| <Tarzan> 시리즈 | <The Ant Bully> | <The Best of Cusco>*

| <The Incredibles> 시리즈 | <The Iron Giant)>

| <The LEGO> 시리즈(남) | <The Little Mermaid> 시리즈(여)

| <The New Adventures of Pippi Longstocking> 시리즈*

| <The Polar Express> | <The Prince of Egypt> 시리즈

| <The Road to El Dorado>* | <The Robot>(남)

| <The Sound of Music> | <The Spiderwick Chronicles>*

| <The Tale of Despereaux>* | <The Wizard of Oz>

| <Through The Looking-Glass, And What Alice Found There>*

| <Toy Story> 시리즈(공, 남) | <Treasured Island>(남)

| <Turning Red>* | <UP>

| <Zathura> | <Zootopia>

● 〈Lemony Snicket's A Series of Unfortunate Events〉: 〈레모니 스니켓의 위험한 대결〉
　〈My Secret Cache〉: 〈비밀의 화원〉
　〈Night at The Museum〉 시리즈: 〈박물관이 살아있다〉 시리즈
　〈The Best of Cusco〉: 〈쿠스코? 쿠스코!〉
　〈The New Adventures of Pippi Longstocking〉 시리즈: 〈말괄량이 삐삐〉 시리즈
　〈The Road to El Dorado〉: 〈엘도라도〉
　〈The Spiderwick Chronicles〉: 〈스파이더 위크가의 비밀〉
　〈The Tale of Despereaux〉: 〈작은 영웅·데스페로〉
　〈Through The Looking-Glass, And What Alice Found There〉: 〈거울 나라의 앨리스〉
　〈Turning Red〉: 〈메이의 새빨간 비밀〉

영화 추천 ③ - 초등학교 고학년(12세) 중심

초등학교 고학년

| <Cinderella> 시리즈(여)
| <Coraline> *
| <Descendants> 시리즈(여)
| <Flipped> | <Flubber>
| <Freaky Friday>(공, 여)
| <Full House> 시리즈(여)
| <Gulliver's Travels>
| <Hairspray>(공, 여)
| <Hannah Montana>(여)
| <Harry Potter> 시리즈(초3~)
| <High School Musical> 시리즈(공, 여)
| <Monster House>
| <Mr. Popper's Penguins>
| <My Girl>
| <Percy Jackson> 시리즈
| <Ramona And Beezus>(여)
| <School of Rock>
| <Spider Man> 시리즈(톰 홀랜드 주연)
| <The Chronicles of Narnia> * (초3~)
| <The Nightmare Before Christmas> *
| <The Parent Trap>
| <The Princess Diaries> 시리즈(여)
| <Z-O-M-B-I-S> 시리즈(여)
| <What A Girl Wants>(여)

▲ <Gulliver's Travels>

● 〈Coraline〉: 〈코랠라인: 비밀의 문〉
〈The Chronicles of Narnia〉: 〈나니아 연대기〉
〈The Nightmare Before Christmas〉: 〈크리스마스 악몽〉

영화 추천 ④ - 중학생 이상

중학생 이상

| <Anne of Green Gables>* (영국 BBC, 여)
| <Avatar> | <Avengers> 시리즈
| <Back to The Future> 시리즈
| <Edward Scissorhands>*
| <Gilmore Girls> 시리즈(여)
| <Guardians of The Galaxy> 시리즈
| <Indiana Jones> 시리즈(남) | <Iron Man> 시리즈
| <Jane Eyre>(여) | <Jumanji> 시리즈(리메이크)
| <Jurassic Park> 시리즈(리메이크) | <Legally Blonde>*(여)
| <Little Women>(여) | <Marvel> 시리즈
| <Not Your Ordinary Sister> 시리즈*
| <Pirates of The Caribbean> 시리즈(공, 남)
| <Pride & Prejudice>(여) | <Real Steel>
| <Sherlock Holmes> 시리즈 | <Spider Man> 시리즈(토비 맥과이어 주연)
| <Star Wars> 시리즈(남) | <The Day After Tomorrow>*
| <The Hobbit> 시리즈(남) | <The Island>(남)
| <The Lizzie McGuire>(여) | <The Lord of The Rings> 시리즈(공, 남)
| <The Matrix> 시리즈 | <The Truman Show>
| <Twilight> 시리즈

▲ <Back to The Future> 시리즈

> '12세 이상 관람가' 영화에서 선택할 수 있지만 너무 폭력적이거나, 선정적이거나, 공포물은 피하도록 주의하세요.

● 〈Anne of Green Gables〉: 〈빨강머리 앤〉
〈Edward Scissorhands〉: 〈가위손〉
〈Legally Blonde〉: 〈금발이 너무해〉
〈Not Your Ordinary Sister〉 시리즈: 〈시스터 액트〉 시리즈
〈The Day After Tomorrow〉: 〈투모로우〉

영화 보기 효과,
오해와 의심에 대한 반박

영어 듣기에 가장 좋은 재료는 영화!

영어는 듣기부터 시작해야 한다고 설명하고 있는데, 그렇다면 듣기에 가장 좋은 재료는 무엇일까요? 저는 단연코 영화라고 말할 수 있습니다. 6~7세에 영어를 시작한다면 그 나이에 볼 만한 만화 영화나 애니메이션 동영상이 최고의 듣기 재료입니다.

아이가 태어나서 모국어를 배우는 과정을 다시 한번 살펴볼까요? 아이는 세상에 처음 태어나면 요람에 누워 세상을 봅니다. 아이 앞에는 무대가 펼쳐지고 등장 인물들이 나옵니다. 주연은 엄마와 아빠를 포함한 가족들, 조연은 가끔씩 등장하는 가족의 지인들, 그리고 거실에 켜놓은 TV에 나오는 사람들입니다. TV에는 각종 프로그램에 다양한 등장 인물들이 나오고 광고와 관련된 내레이션 등등 아이는 수많은 대화뿐만 아니라 내레이션과 음악으로 채워진 무대를 바라보고 있습니다. 엄마와 아빠는 주연이면서 동시에 화면에서 튀어나와 자신과 상호작용을 하는 가장 중요한 인물입니다. 아이는 엄마 아빠의 행동과 함께 내뱉는 언어를 보고 듣습니다. 이들 언어가 아이의 머릿속에 차곡차곡 쌓이면서 아이는 엄마 아빠를 이해하고 모국어를 배우는 것입니다. 엄마 아빠의 행동과 표정뿐만 아니라 어떤 상황에서 어떤 소리를 내는지 아이의 눈과 뇌에 그대로 쌓입니다. 외국어인 영어도 똑같은 과정을 통해서 자연스럽게 익힐 수 있습니다.

원어민 환경이 아니라면 영화 보여주기가 최고의 대안이다

머릿속에 영어 소리를 채우는 데 가장 좋은 환경은 원어민이 많이 있는 곳에 속해 있는 것이지만, 우리나라 환경에서는 쉽지 않습니다. 그렇다면 인위적으로 이런 상황을 만들어주어야 하는데, 그들의 생활과 삶이 자연스럽게 녹아있는 영화를 보는 것이 가장 좋은 방법입니다. 아이가 태어나서 자신의 눈앞에 무대가 펼쳐졌듯이 영화 속에서는 영어를 모국어로 하는 주연들의 무대가 펼쳐집니다.

이제 막 영어를 배우기 시작한 사람이 영어 소리를 채우기 위해 영화를 보는 것 말고 더 좋은 방법이 있을까요? 원어민들이 상황별로 어떻게 행동하는지 알고 그들이 내뱉는 소리를 아이의 뇌에 채울 수 있는 방법이 영화 말고 또 있을까요?

해 보지 않은 사람들의 공격과 질문

저는 15년 동안 영어 학원을 운영하면서 많은 사람들로부터 질문으로 포장된 공격을 받았고, 그것에 대해 대답했습니다. 그리고 이것을 지금도 하고 있습니다. 그중에서 가장 흔한 공격은 영화 보기에 관련된 것입니다. 실제로 영화를 보여준 후 아이들의 귀와 입이 열리는 경험을 한 사람들은 이런 질문을 하지 않습니다. 해 보지 않은 사람들의 의심이고 공격일 뿐이지요. 마치 옛 속담처럼 서울에 가본 적이 없는 사람이 남산에 대해 말하는 것과 같습니다.

뜻을 모르고 보는 영화, 무슨 의미가 있을까

모국어가 아닌 외국어로 된 영화를 볼 때 뜻을 안다는 것은, 그 내용을 모국어로 이해한다는 말입니다. 뜻을 알기 위해서는 모국어로 해석해야 한다는 것인데, 그렇다면 이것은 모국어 공부일까요, 아니면 영어 공부일까요? 우리 세대가 이렇게 매번 해석하는 방법으로 영어를 배워서 영어 말하기를 못하는 것인데, 적어도 내 아이의 영어는 우리가 했던 방법과는 다르게 해야 하지 않을까요?

아나운서 출신이면서 여행 작가이자, 5개 국어를 구사하는 손미나는 그녀의 저서 〈나의 첫 외국어 수업〉에서 이렇게 말합니다. 그녀는 대학교에서 스페인어를 전공했는데, 상당히 열심히 공부했기 때문에 학점도 높은 모범생이었습니다. 그녀는 3학년 때 스페인의 마드리드 (Madrid)로 어학연수를 떠났는데, 스페인에서 원어민의 간단한 인사말도 알아듣지 못해서 당황했다고 합니다. 제가 오래 전 원어민을 만났을 때의 그 심정을 그녀도 느꼈던 것입니다. 그녀는 너무 창피해서 대학 전공을 스페인어라고 하지 않고 한국 문학이라고 말하곤 했답니다. 그녀는 어떻게 하면 귀를 열리게 할 수 있을까 고민했습니다. 그러다가 당시 스페인의 극장에서 매주 수요일마다 여자들을 무료로 입장시켜주던 이벤트를 활용해 일주일에 하루를 무조건 영화 보는 일에 할애했습니다. 새벽에 극장을 찾아가 자리를 잡고 조조영화부터 심야영화까지 꼼짝 않고 릴레이로 영화를 보았지요. 당연히 자막 따위는 없어서 그야말로 고역이었지만, 꾹 참고 끈질기게 보았더니 소음 같았던 스페인어 단어가 하나씩 귀에 들리기 시작했다고 합니다.

이와 같이 자막 없이 뜻도 모르고 영화를 보아야만 그 소리가 귀에 들어옵니다. 물론 어른의 영화 보기와 아이의 영화 보기는 다릅니다. 손미나는 대학교에서 스페인어 성적이 최상위권이었고 문법이나 단어도 꽤 많이 알고 있었지만, 현지에서는 인사말조차 제대로 알아듣기 힘들었습니다. 듣기를 하지 않아 꽉 막혀있던 귀가 일주일에 한 번씩 하루종일 영화를 보면서 조금씩 열리기 시작했던 것입니다. 그녀는 이렇게 어려움을 극복했지만, 문법이나 단어를 잘 알아도 귀 열기는 아직 언어 습득뇌가 말랑말랑한 아이들보다 쉽지 않았을 것입니다. 하지만 목표가 있었기 때문에 포기하지 않고 부단히 노력해서 현지인의 말을 알아듣게 된 것입니다. 귀를 열려면 자막 없이 뜻도 모르고 영화를 보아야 합니다. 마냥 아무 생각도 없이, 해석하려는 노력도 없이 영화를 보아야 소리가 쌓입니다.(무엇인가 생각한다는 것은 결국 머릿속에 모국어가 차있다는 뜻입니다.) 이렇게 쌓인 소리가 발화의 과정을 통해 마침내 의미로 전환되는 것입니다.

영어, 과연 아는 만큼 들릴까

영화 보기와 관련해서 공격받는 질문 중 하나는 영어 소리를 들을 때 아는 만큼 들린다는 주장입니다. 영어 소리를 아무리 많이 들어도 아는 소리만 들리고 모르는 소리는 소음에 불과할 뿐이라는 말입니다. 영어 습득과 관련해서 어떤 테제(these)가 맞는지, 아닌지를 생각할 때는 다시 모국어를 습득할 때의 과정으로 되돌아가서 생각해야 합니다. 아이들이 모국어를 습득할 때 모국어에 노출되는 상황을 비교해서 생각해 보면 이 말은 절대적으로 틀린 말입니다. 왜냐하면 모국어 소리에 노출되는 상황에서 보면 아는 만큼 들린다는 말을 할 수가 없기 때문입니다.

아는 만큼 들리려면 아이들이 모국어에 대한 선험적 지식을 갖고 태어나야 하는데, 이것이 가능할까요? 아이들은 태어나서 무차별적인 모국어 소리에 노출됩니다. 아이들은 모국어에 대해 아무 지식도 없이 이 세상에 태어납니다. 인간은 언어를 습득할 수 있는 능력만 갖고 태어날 뿐입니다. 태어나면서부터 바로 아이들의 귀에는 엄청난 소리가 쏟아져 들어옵니다. 아이들은 엄마 아빠가 내뱉는 말뿐만 아니라 어떤 상황 속에서 나오는 소리를 반복해서 듣고 경험하면서 그 소리를 이해하게 됩니다. 아는 만큼 들리는 게 아니라 보고 들은 만큼 알아가는 것입니다.

왜 아이의 언어 습득 능력이 어른보다 빠를까

어른의 영화 보기와 아이의 영화 보기를 비교해 보면 이러한 사실은 더욱 명백해집니다. 영화 〈Charlie and The Chocolate Factory〉를 7세 아이와 엄마가 같이 본다고 가정해 봅시다. 엄마는 중학교 때부터 영어를 배웠기 때문에 상당수의 단어를 외우고 있습니다. 문법도 좀 말고 한글 해석도 하지만, 소리 노출에는 경험이 별로 없는 전형적인 과거 영어 교육을 받은 엄마라고 가정합니다. 둘이서 영화를 보기 시작하면 아이는 영어에 대해 아무런 정보가 없기 때문에 그냥 듣고 봅니다. 아이는 화면 속에 빠져들어 소리를 듣지만, 엄마는 다릅니다. 엄마의 뇌는 우리말 해석을 하면서 미친 듯이 돌아갑니다. 자막도 없이 영화를 보자니 내용이 너무 궁금해서 견딜 수가 없습니다.

영화는 주인공인 윌리 웡카(Willy Wonka)가 다섯 개의 골든 티켓을 초콜릿바 안에 감추었고, 그 골든 티켓을 찾는 다섯 명의 아이들을 초콜릿 공장으로 초대한다는 내용인 것 같습니다. 골든 티켓을 처음 찾아낸 아이는 독일의 어느 푸줏간 집 아들이고 등등 …… 엄마는 열심히 생각하면서 스토리라인을 찾아갑니다. 그러다가 이전에 배웠던 단어가 딱 들리는 순간, 아~ 무언가 들리는 것 같습니다. 이 소리를 아이도 들었을까? 뭐 이런 생각을 하면서 영화를 봅니다. 하지만 영화를 계속 보다 보니 윌리 웡카의 저 말이 무슨 말인지 몰라서 답답합니다. 스토리? 모르겠다, 이러는 사이에 어느덧 영화는 끝납니다.

반면 아이는 어떨까요? 아이는 그냥 아무 생각 없이 영화를 봅니다. 영어를 배운 적이 없어서 해석할 능력도 없습니다. 단지 영어 소리를 들으며 내용을 상상할 뿐입니다. 엄마는 영어를 배운 나도 이 정도만 이해했는데, 아이는 당연히 더 이해하지 못했겠지 싶어서 '이렇게 내용도 모른 채 영화를 보는 것이 무슨 의미가 있나?' 하는 회의감에 빠집니다.

이제 영화가 끝났습니다. 엄마의 머릿속에 남은 우리말 스토리는 엄마 자신이 꿰어 맞춘 이야기입니다. 아이의 머릿속에는 연결할 스토리가 없기 때문에 소리가 떠돌게 됩니다. 이렇게 영화 한두 편을 보는 것은 어쩌면 아무 의미가 없는 일일 수도 있습니다. 그러나 한 달이 가고 일 년이 지난다고 생각해 봅시다. 엄마는 여전히 영화를 보면서 한국말 스토리를 찾겠지만, 아이의 머릿속에는 소리가 차곡차곡 쌓여갑니다.

'아는 만큼 들린다'라는 이야기로 되돌아가서 애당초 '안다'라는 말은 출발부터 잘못되었습니다. 영어 공부를 소리 채우기로 시작한다는 것은 소리 그 자체를 채운다는 것이지, 의미를 알자는 것이 아니기 때문입니다. 즉 의미를 생각하고 영화를 보는 것이 아니라는 뜻입니다. 그러므로 "너는 뭘 알아들으면서 영화를 보는 거니?"라거나, "의미를 모르는 말은 소음에 불과하다."라는 말은 질문의 시작이 잘못된 것입니다. 이 말은 이제 영어 소리를 채우기 시작하는 아이에게 해당되지 않고 10년 이상 영어를 공부했는데도 듣지도, 말하지도 못하는 우리들에게 해당됩니다.

갓 태어난 아이에게 들려오는 모국어를 아이는 의미를 생각하면서 들을까요? 전혀 아닙니다. 소리가 차곡차곡 쌓이고 나중에 발화와 함께 의미로 전환됩니다. 소리를 듣자마자, 영화를 보자마자 의미를 찾고 내용이 무엇인지 알아야 직성이 풀리는 사람은 우리 어른들뿐입니다. 그러니 영화를 볼 때는 자막을 켜고 봐야 하고 스크립트를 뽑아서 한 줄 한 줄 해석하고 외워야 영어를 한다고 생각합니다.

아이가 영화를 본다는 것은 다음의 상황과 같습니다. 엄마와 미국으로 간 한국 아이가 한국인이 한 명도 없는 학교에 뚝 떨어진 상황 말입니다. 누구도 아이를 따라다니면서 또래 아이들의 말이나 선생님의 말을 한국어로 해석해 주지 않습니다. 하지만 1년 정도 지나면 아이는 또래 아이들의 말뿐만 아니라 선생님의 말씀도 이해하면서 학교를 잘 다니게 됩니다.

영어를 듣기로 시작한 후 듣기의 시작으로 영화를 본다는 것은 바로 이런 상황을 인위적으로 만들어주는 것과 같다고 보면 됩니다. 처음 한두 편의 영화를 보는 것은 소음에 불과할 수 있습니다. 하지만 하루에 3시간씩 3년 동안 영화를 꾸준히 본다면 3년이 지났을 때도 영어 소리가 단지 소음에 그친다고 할 것인지 그 대답을 듣고 싶습니다.

자막 없이 영화를 보는 이유는?
귀보다 눈이 빠르기 때문!

자막에 관한 질문도 마찬가지입니다. 처음에는 내용을 모르니까 한글 자막을 열고 봐야 한다고 말하는 사람이 있습니다. 그것도 어른의 관점에서 보기 때문에 이런 이야기가 나오는 것입니다. 생각해 보면 자막이라는 것도 그것을 번역한 사람의 주관적인 의미가 반영된 문장입니다. 문화가 다른 외국 영화가 정서적으로 잘 다가오기 위해서 번역가들은 얼마나 많은 의역을 할까요?

톰 크루즈(Tom Cruise)와 르네 젤위거(Renee Jellweger) 주연의 〈Jerry Meguire〉라는 영화가 있습니다. 이전에도 본 적이 있던 이 영화를 어느 날 케이블TV에서 방영하기에 다시 보고 있었습니다. 영화가 끝나갈 무렵 톰이 르네에게 "You complete me!"라고 말하는 유명한 장면이 나왔는데, 순간 자막에는 "너는 나의 반쪽이야!"라고 써 있었습니다. 물론 의역입니다. 어른들이 보면 의역이 자연스럽습니다. 하지만 아이에게도 자연스러울까요? 이와 같이 수많은 영화에서는 좀 더 자연스럽게 내용을 전달하기 위해서 의역을 합니다. 이러한 의역을 아직 어린 아이들이 자연스럽게 받아들일 수 있을까요? 그렇다고 아이들을 위해 글자 하나하나 직역을 한다고 하면 얼마나 우스운 번역이 될까요? 이런 우스운 번역은 사실 의역만큼이나 많아서 어떤 영화를 보든 쉽게 찾을 수 있습니다.

자막의 문제는 그뿐만이 아닙니다. 자막을 켜고 영화를 볼 때는 자막을 읽느라 소리를 들을 수 없는 사태가 발생합니다. 왜냐하면 귀보다 눈이 더 빠르기 때문입니다. 한글 자막을 보는 순간, 영어 소리는 무심결에 지나가버리고 맙니다. 결국 자막을 켜놓고 영화를 본다는 것은, 그 영화의 스토리라인을 눈으로 보면서 따라가는 것에 불과합니다. 그래서 아무리 소리를 채우려고 해도 자막으로 보았던 한글 문장이 아이들의 머릿속에 잔상처럼 먼저 떠오르는 것은 너무도 당연합니다. 이러한 상황이라면 영화를 보는 의미가 없어지는 것입니다.

자막을 열지, 말지 하는 것은 순전히 어른들의 입장에서 하는 고민입니다. 아이들에게는 그런 고민을 할 필요가 없습니다. 다시 말해서 아이들이 영화를 보는 것은 의미를 이해하기 위해서가 아니라 소리를 채우기 위해서입니다. '나의 반쪽'으로 해석하든, '나를 완벽하게 하는'으로 해석하든, 그것은 해석하는 사람들의 문제입니다. 어른들은 이미 굳어진 뇌와 수없이 학습한 영어를 가지고 영화를 볼 수밖에 없습니다. 하지만 아이들은 아무런 정보 없이 태어나서 모국어 소리에 무차별적으로 노출되듯이 그런 상태로 영어 소리에 노출되어야 합니다.

일정 정도의 시간을 영어 소리로 무차별적으로 채우고 나서 생각해야 하는 부분이 바로 '의미 잡기'입니다. 뜻도 모르고 영화를 보고 있냐고 비웃는 사람들에게 저는 이런 말을 하고 싶습니다. 그 뜻을 몰라야 진정한 소리가 들어온다고, 우리가 영어의 뜻을 우리말로 알려고 해석만 해왔기 때문에 듣지도, 말하지도 못 하는 영어를 갖게 되었다고 말입니다. 듣고 말하는 영어를 위해서는, 즉 엄마가 갖지 못한 새로운 영어를 갖기 위해서는 엄마와는 전혀 다른 길을 가야 하고 전혀 새로운 방법을 과감하게 사용해야 합니다. 자신과는 다른 영어를 갖기를 원한다면 자신이 했던 방법을 버려야 하는 것은 당연하지 않을까요?

영어의 의미 잡기, 이것은 소리를 채우고 나면 자연스럽게 따라옵니다. 모국어의 소리가 채워지면서 아이가 옹알이를 하듯이 영어의 소리가 채워지면 아이가 영어로 말을 합니다. 그러면서 의미 잡기, 즉 알지도 못하고 들었던 소리의 의미가 명확해지고 의사소통이 가능해지는 단계로 접어듭니다.

터널처럼 길고 긴 시간의 저쪽 끝에서 그토록 바라던 듣고 말하는 단계로 접어들었다는 신호가 비상구의 등처럼 깜빡입니다. 무척 가슴 벅찬 순간입니다. 발화 연습을 하면서 머리에 쌓여있던 소리가 의미로 전환되면 읽기를 통해 의미가 좀 더 명확해지면서 사용하는 어휘의 수준도 함께 높아집니다. 이것의 시작은 뜻도 모르고 의미도 모른 채 보았던 영화 보기, 바로 그것의 결과입니다.

아이의 영화 보기
네 가지 원칙

유아용 영화만 고집할 필요는 없다

뜻도 모르는 영화 보기가 왜 중요한지 많은 지면을 할애해서 설명한 이유는, 아이가 어떤 영화를 보아야 하는지와 긴밀하게 연결되어 있기 때문입니다. 흔히 아이가 어리니까 유아용 영화를 보여주어야 한다고 생각합니다. 완전히 틀린 말은 아닙니다. 하지만 아이라는 이유로 영상을 보는 것에 무조건 제한을 두는 것은 맞지 않습니다. 물론 선정물, 폭력물, 공포물을 아이에게 보여주는 것은 절대 금물입니다. 이것은 기본 중의 기본입니다. 좋은 영화를 보여주는 것보다 좋지 않은 영상을 보여주지 않는 것이 더 중요합니다.

엄마들은 아이가 아직 어리니까 조금 느린 속도로 아이들이 많이 나오는 잔잔한 영상이면 좋겠다고 생각합니다. 말하는 문장도 쉽고 속도도 느렸으면 좋겠고요. 물론 상식적이고 당연한 말입니다. 영어 노출이 처음인 6세나 7세의 아이들은 이런 영상을 보는 것이 맞습니다. 하지만 시중에 나와 있는 영상을 보면 딱히 이런 조건에 완벽하게 맞지 않습니다.

아이들이 좋아하는 〈Caillou〉, 〈Clifford〉, 〈The Berenstain Bears〉, 〈Max & Rubby〉, 〈Arthur Adventure〉 등을 보면 말하는 속도가 느리지 않습니다. 엄청 빠른 속도도 아니지만, 엄마들이 흔히 생각하는 단순한 문장도 아니지요. 디즈니플러스의 〈PJMASKS〉 시리즈는 아이들이 상당히 좋아하지만, 들어보면 말하는 속도가 빠르고 문장도 단순하지 않습니다. 따라서 아이들을 위해 일부러 속도가 느리고 단순한 문장으로 이루어진 영상을 애써 고를 필요는 없습니다. 물론 참고는 해야 합니다. 그러나 위의 영상을 보고 있는 아이들이라면 이미 어느 정도 빠른 속도의 영화를 보고 있는 것입니다.

20여 년 전 영어 영상이 풍부하지 않을 때 저는 〈Sesame Street〉(미국 아이들의 TV유치원 같은 프로그램)를 녹화해서 두 아이에게 틀어주었습니다. 이 프로그램은 코너마다 다른 캐릭터가 등장하고 다른 이야

● 〈PJMASKS〉 시리즈: 〈파자마 삼총사〉 시리즈

기가 소개됩니다. 예를 들면 'Cookie Monster', 'Big Bird', 'Between The Lions', 'Blue's Clues', 'Cliff Hanger' 정도가 생각납니다. 〈Sesame Street〉에는 어른들도 나옵니다. 아이들은 아이 말을 하지만 어른들은 어른들의 말을 합니다. 물론 아이들을 고려하면서 대화를 하겠지만, 모두 그런 것은 아니었습니다. 우리의 일상도 그렇습니다. 아이를 위해서 아이 말을 하는 어른들은 부모 정도입니다. 어른들은 아이가 들을 때도 어른들의 말을 합니다. 아이는 아이 말도 듣고 어른 말도 듣습니다. 빠른 사람의 말도 듣고 느린 사람의 말도 듣습니다. 언어는 개인이 통제할 수 없습니다.

찰리 브라운(Charlie Brown)과 그의 친구들이 등장하는 〈Peanuts〉 시리즈가 있습니다. 제 아이들이 어렸을 때 많이 보던 시리즈인데,

▲ 유튜브에서 검색하면 쉽게 나오는 아이들 영화 영상

가만히 그 영상을 보고 있으면 농담처럼 던지는 말이 매우 철학적일 때가 많았습니다. 크리스마스 때마다 볼 수 있는 〈Home Alone〉이라는 영화는 가족 영화입니다. 악당을 골탕 먹이는 맹랑하고 귀여운 케빈(Kevin)이 주인공인 영화인데, 가만히 보고 있으면 이게 과연 가족 영화가 맞나 싶을 정도로 과하게 폭력적인 장면이 있습니다. 이 영화도 아이들은 아이들의 말을 하지만 어른들은 어른들의 말을 합니다. 이와 같이 아이들에게 보여줄 영상을 고를 때 속도가 느리고 단순한 문장이 반복되는 영상만 찾을 필요가 없다는 것을 꼭 기억하세요.

아이의 영화 보기 네 가지 원칙을 지키자

아이에게 적당한 영상을 고르는 네 가지 원칙을 다시 정리해 볼게요.

① 좋지 않은 영상에 최대한 노출되지 않아야 합니다.

아이에게 좋지 않은 영상은 당연히 폭력적이고, 선정적이며, 공포스러운 영상입니다. 아이의 나이가 어릴수록 이러한 대원칙은 꼭 지켜야 합니다.

② 생물학적 나이보다 정서적 나이를 고려해야 합니다.

아직 어린 친구들은 188~190쪽에서 소개한 영상으로 영어를 시작

● 〈Home Alone〉: 〈나 홀로 집에〉

하는 것이 당연합니다. 하지만 아이가 4학년인데 영어 노출이 처음이라고 무조건 유아 영상을 보여주는 것도 맞지 않습니다. 영어 원서는 레벨을 나누기가 쉽지만, 영화나 영상은 그렇지 않습니다. 아이의 영어 노출이 처음이라고 무조건 반복되는 문장으로 이루어진 영상을 고르지 않기를 당부합니다.

③ 한국말 더빙은 금지해야 합니다.

아이에게 처음 영어 노출을 할 경우에는 아이의 흥미를 끌기 위해 적절한 전략이 필요합니다. 그래도 한국말 더빙은 절대 금지해야 합니다. 왜냐하면 강렬한 모국어가 귀에 꽂히는 순간, 다음에 영어 오디오를 다시 본다고 해도 그 모국어 소리는 오랫동안 남아있기 때문입니다. 그렇게 되면 영어 소리는 들리지 않겠지요. 그리고 자막을 요구하는 아이들은 고학년인 경우가 많습니다. 고학년 아이들은 어른만큼 모국어가 완벽해서 영화의 스토리가 너무 궁금하기 때문입니다. 이럴 경우에도 고학년 아이들에게 한글 자막은 좋지 않습니다. 하지만 일정한 조건을 달고 그 부분만 영어 자막으로 보는 것은 허용해도 됩니다. 오랜 시간 동안 영화를 봐서 귀가 열려있어도 어느 특정 부분만 몹시 궁금해 하는 경우도 있습니다. 이 경우에는 그 부분만 영어 자막으로 보게 해 줍니다.

④ 아이가 영화만 볼 수 있는 시간을 확보해야 합니다.

어떤 아이는 영어로 영화 보기를 싫어할 수 있습니다. 아이도 다르고 상황도 다릅니다. 하지만 영화 보기라는 대전제를 성공적으로 실행하려면 엄마의 의식 전환이 절대적으로 필요합니다. 엄마표 영어는 듣기부터 시작해야 하는데, 그 듣기의 시작이 바로 영화라는 사실을 마음 속 깊이 깨달아야 합니다. 이렇게 깊이 깨달았다면 영화 보기가 얼마나 필요한지 뿐만 아니라 절대로 포기할 수 없는 부분이라는 것도 알게 됩니다.

아이가 학원 숙제를 하는 시간은 완벽하게 확보해 주는 엄마여도 영화를 보는 시간은 그렇게 하지 않는 엄마도 있습니다. 즉 학원 숙제와 눈에 보이는 중요한 일과를 모두 끝낸 후에 부랴부랴 영화를 보라고 하는 경우를 말합니다. 아이는 아이입니다. 이것저것 다하고 나면 지쳐서 아이도 쉬고 싶습니다. 영화를 보고 있는 것보다 신나게 놀고 싶을 수 있습니다. 게다가 처음 영어를 시작하는 아이에게 뜻도 모르는 영화를 보라고 하면 이것은 아이에게 또 다른 숙제나 의무로 느껴질 수 있습니다. 자막을 켜달라고 고집을 부리겠지요.

그냥 영화 보는 시간을 확 빼주세요. 이 시간은 영어 학원을 갔다고 생각하세요. 영어 학원을 갔다면 앉아서 영어 수업만 할 테니까요. 아이의 남는 시간을 어떻게든지 활용해 보려고 하지 말고 충분한 시간을 주고 영화를 먼저 보여주세요. 조건도 걸지 말고, 다른 일을 다 하고 남는 시간으로 영화 보기를 하지 마세요. 아이가 영어에 귀가 열리면 그때는 보지 말라고 해도 어떻게든 자투리 시간을 만들어서 영화를 보려고 할 것입니다. 그때까지는 아이에게 통째로 시간을 주세요. 그러면 아이도 달라질 것입니다.

BTS의 RM(랩 몬스터)의 영어

2018년 9월 24일 가수 BTS의 리더 RM은 미국 뉴욕에서 열린 유엔 총회에서 유창한 영어로 연설을 했습니다.

"저는 김남준입니다. 단점도 많고 두려움도 많습니다. 여러분들의 이름은 무엇입니까? 무엇이 당신의 심장을 뛰게 합니까? 자신의 목소리를 내주세요. 조금씩 자신을 사랑하는 방법을 배워 나갑시다."

이 연설은 순식간에 전 세계로 퍼져나갔고 많은 젊은이들에게 영감을 주었습니다. 저는 그의 영어에 감동해서 그가 어떻게 이렇게 유창한 말하기 영어를 갖게 되었는지 인터넷을 검색했습니다. 검색 결과, RM이 미국 NBC 토크쇼 <The Ellen DeGeneres Show>*에 출연해서 자신의 영어에 대해 엘런(Ellen)과 이야기한 내용을 읽게 되었습니다. RM은 자신의 엄마가 영화 <Friends>를 수없이 많이 보게 했을 뿐만 아니라 대사까지 달달 외우게 했다면서 자신은 영어를 거의 독학으로 공부했다고 이야기했습니다. 물론 RM도 영어 학원을 다녔을 것입니다. 하지만 그는 자신의 유창한 영어 말하기의 근간이 영화를 보면서 대사를 따라하고 외워서 완성되었다는 것을 스스로 잘 알고 있었습니다. RM이 일산에서 학창 시절을 보냈다는 것을 알게 되니 더욱 친근감이 느껴져서 엄마들과 영어 상담을 할 때마다 한동안 RM의 이야기를 많이 했습니다.

영화 <파친코>의 배우 김민하의 영어

한국 영화가 해외의 각종 영화제에서 수상하면서 한국 영화의 위상이 더욱 높아졌습니다. 이에 따라 배우들의 영어 실력도 눈길을 끌고 있습니다. 영화 <파친

● 〈The Ellen DeGeneres Show〉: 〈엘런 드제너러스 쇼〉

코(Pachinko)>의 배우 김민하의 영어 실력은 엄마들에게 깊은 인상을 심어주었습니다. 그녀는 영어 유치원 출신도 아니고 해외 유학파도 아니었습니다. 단지 몇 개월 정도 해외 체류 경험이 있었을 뿐인데, 각종 해외 인터뷰에서 유창한 영어 실력을 뽐냈습니다. 그녀의 영어 실력의 비밀은 바로 엄마의 혹독한 훈련이었다고 합니다. 어려서 영화를 즐겨보았는데, 영화는 늘 무자막으로 보아야 했다고 합니다. 그리고 좋아하는 영화를 볼 때면 먼저 원작이 되는 소설을 읽어야 했고 영화 스크립트를 반복해서 외우는 훈련을 했다고 하죠. 그녀의 원어민 같은 유창한 영어 실력의 근간도 바로 영화 보기에 있었습니다.

모든 아이가 BTS의 RM이나 영화 <파친코>의 김민하처럼 유명인이 되지는 않을 겁니다. 하지만 이들의 영어가 적어도 한국에서 국내파로 성공한 영어의 전형을 보여줌으로써 엄마들에게 희망을 주었습니다. 그들의 꿈은 가수이고 배우였습니다. 그들은 꿈을 이루었고 그들의 영어는 그들이 꿈을 이루는 데 수단이었지, 목표가 아니었습니다. 우리 아이들도 각자 꿈이 있습니다. 영어는 아이들이 꿈을 펼칠 때 강력한 수단이 되어 줄 것입니다.

다섯째
마당

7~10세
엄마표 영어
로드맵
(ft. 하루 3시간, 집중 관리 1시간)

33

엄마표 영어 워밍업
: 초등학교 입학 전 7세는 터 잡기부터! :

7세라면 하루 1시간 영상 보기로 충분!

대략 8세에 시작해서 10세까지 약 3년간 엄마표 영어로 영어 혁명을 경험하려면 시작하기 전에 필요한 시간이 있습니다. 그것은 1년 동안의 터 잡기 시간입니다. 초등학교에 입학하기 전 1년은 유치원을 다니는 시기입니다. 7세는 사교육을 본격적으로 시작하기 전이므로 시간적 여유가 있습니다. 이 시기에 1년간의 영어 노출은 상당히 중요합니다. 본격적인 엄마표 영어를 위해 영어 그릇을 만드는 과정이기 때문입니다. 하루에 1시간이면 충분합니다. 해야 하는 활동도 영상 보기가 전부입니다.

엄마표 영어의 시작을 망설이는 이유 중 하나는 영어책 읽기 때문입니다. 하지만 7세 때 시작하는 1년간 터 잡기는 영어 원서에 대한 부담을 전혀 갖지 않아도 됩니다. 재미있는 동영상을 하루에 1시간 정도 틀어주는 것만으로도 충분합니다. 이렇게 시작한 1년간의 터 잡기는 나중에 강력한 힘을 발휘하게 됩니다.

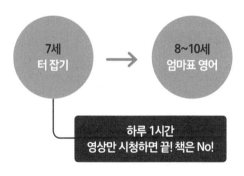

여유 시간 많은 유치원 때 영상으로 영어 장벽 낮추기

아이에게 하루에 1시간씩 영상을 보여주면 1년이면 300시간 이상 영어 소리에 노출됩니다. 이렇게 터 잡기 1년의 시간을 보내면 8세에 본격적으로 엄마표 영어에 몰입하기 시작할 때 자연스럽게 3시간을 견뎌내는 기초를 만들 수 있습니다. 그리고 아직 어린 아이들이어도 스스로 할 수 있도록 하는 토대가 됩니다. 언어 감각이 있는 딸형 영어 아이들이라면 8세가 되었을 때 어느 정도 학습 루틴이 생겨서 영상 보기 정도는 혼자서도 얼마든지 할 수 있습니다. 좀 늦된 아들형 영어 아이들도 영어 소리에 익숙해지고 영상을 즐길 수 있게 됩니다.

> **Ⅰ 터 잡기의 목표와 방법 Ⅰ**
>
> • **목표**: 낯선 영어 소리에 익숙해져서 무자막 영상 보기에 대한 거부감 없애기
> • **방법**: 일요일을 제외하고 주 6일, 하루 1시간씩 1년간 300시간 이상 영어 소리 노출하기

터 잡기 영상은 10~15분짜리 에피소드 추천!

7세 아이들에게 어른들 영화나 청소년 영화를 선택하여 보여주는 엄마는 없을 것입니다. 이 아이들에게는 다양한 소리, 적당한 속도, 자신들과 비슷한 일상을 다룬 내용의 영상이 좋습니다. 아이들이 좋아하는 영상 위주로 하나의 에피소드가 10~15분 분량을 추천합니다.

아이 스스로 좋아해 반복해서 보려는 것은 상관없지만, 아이에게 영상에 나오는 영어를 외우게 하려는 목적으로 반복해서 틀어주는 것은 좋지 않습니다.

나중에 8세부터 시작하는 집중 듣기를 위한 책과 연관된 영상 시

리즈도 좋습니다. 터 잡기를 할 때 문자는 최대한 배제해야 합니다. 아이가 영어 소리에 익숙해지도록 하는 것이 우선이니까요. 따라서 터 잡기 영상 보기는 하루에 1시간 정도가 적당합니다.

DVD와 동화책이 연계된 시리즈

| <Angelina Ballerina> 시리즈
| <Arthur Adventure> 시리즈
| <Babar> 시리즈 | <The Berenstain Bears> 시리즈
| <Caillou> 시리즈 | <Charlie And Lola> 시리즈
| <Clifford> 시리즈 | <Curious George> 시리즈
| <Dr. Seuss> 시리즈 | <Franklin> 시리즈
| <Little Bear> 시리즈 | <Little Princess> 시리즈
| <Magic Key> 시리즈 | <Magic School Bus> 시리즈
| <Max And Ruby> 시리즈 | <Olivia> 시리즈
| <Pepa Pig> 시리즈 | <Richard Scarry> 시리즈

▲ <Little Bear> 시리즈

8세 때 진행하는 집중 듣기를 위해 7세 때 미리 영상으로 체험하면 좋다. 그 외 시리즈는 188~190쪽에서 추천한 시리즈를 참고한다.

온라인으로 동영상 볼 때 문제 풀이는 패스!

인터넷에는 온라인으로 영어 동영상을 볼 수 있는 유료 사이트가 많은데, 이런 사이트는 콘텐츠별로 특징이 있습니다. 즉 자연스럽게 듣기에만 치중한 사이트도 있고, 듣고 퀴즈를 풀도록 구성된 사이트도 있으며, 시중에 출시된 TV 시리즈를 편성한 사이트 등 조금씩 다릅니다.

저는 이제 막 영어 소리에 노출되는 아이들에게 듣고 나서 굳이 문제를 풀게 하는 활동을 권하지 않습니다. 처음 영어 소리에 노출되면 온라인으로 영어를 듣고 그에 관한 문제를 푸는 것이 별 의미가 없을 뿐만 아니라 제대로 풀지도 못합니다. 듣고 문제를 푸는 행위는 아이들에게 오히려 거부감을 주어서 영어 소리를 듣기조차 싫어할 수도 있습니다. 그러므로 자연스럽게 영어 소리를 충분히 들을 수 있는 사이트를 선택하는 것이 좋습니다.

저는 주로 리틀팍스(Little Fox) 사이트의 동영상을 듣게 합니다. 왜냐하면 아이들이 좋아하는 내용으로 잘 꾸며져 있고 창작 동화와 고전 작품이 적절하게 균형을 이루고 있기 때문입니다. 또한 좋아하는 이야기는 여러 번 반복해서 들을 수 있을 뿐만 아니라 책으로 출력해서 들을 수도 있고, 책만으로도 읽을 수 있는 등 다양한 활동이 가능하도록 구성되어 있습니다.

온라인으로 동영상을 볼 수 있는 사이트

| Raz-Kids: www.raz-kids.com
| 리딩게이트(ReadingGate): www.readinggate.com
| 리틀팍스(Little Fox): www.littlefox.co.kr
| 아이들이북(Idolebook): www.idolebook.com

▲ 창작 동화와 고전 작품의 동영상을 골고루 제공하는 리틀팍스 (Little Fox) 사이트

스트리밍 사이트도 좋지만 DVD 형태 추천!

이 밖에도 유튜브(YouTube)나 디즈니플러스(Disney+) 같은 스트리밍 사이트를 이용하는 것도 좋습니다. 디즈니플러스의 경우 아이들이 좋아하는 애니메이션 시리즈가 많고 꾸준히 업데이트된다는 장점이 있습니다. 하지만 이렇게 온라인과 연결된 사이트를 이용할 경우 자칫 아이의 나이에 맞지 않는 동영상에 노출될 위험이 있으니 항상 조심해야 합니다.

어린 아이들은 좋지 않은 장면에 단 한 번만 노출되어도 트라우마를 갖게 될 수 있기 때문에 이 부분은 각별히 주의해야 합니다. 그래서 저는 DVD 형태로 영상을 볼 수 있도록 하는데, 그렇지 못할 경우에는 적정 연령을 세팅해두거나 나이에 맞지 않은 예고편이 실행되지 않도록 항상 주의하고 있습니다.

Tip 첫 영어 노출을 책으로만 할 경우의 문제점

7세 아이에게 영어책만 읽게 한다면?

간혹 '영상은 나쁘고 책은 좋다'라는 이분법적 판단으로 책으로만 영어 노출을 시도하는 엄마들이 있습니다. 아직 어린 7세 아이에게 영상을 보여주지 않고 책으로만 1시간씩 영어 노출을 하겠다는 것은, 아무리 책을 좋아하는 아이라고 해도 지루하고 고통스러울 확률이 높습니다. 좋지 않은 영상을 배제하고 재미있고 좋은 영상을 골라서 아이에게 영어 소리와 함께 보게 하는 것이 이 시기에는 무척 중요합니다.

만약 아이가 유독 문자를 좋아해서 영어책을 읽어달라고 하거나 관심을 보인다면 굳이 막을 필요는 없습니다. 하지만 엄마가 영어를 읽겠다는 마음으로 영어 문자만 노출하는 것은 좋지 않습니다. 아이가 이제 '영어'라는 새로운 언어를 처음 만나는 것이므로 영어 소리에 충분히 익숙해지기를 기다리는 것이 더 중요합니다. 아이의 나이는 7세지만, 영어 나이로는 이제 막 태어난 아이라고 생각하면 쉽게 이해할 수 있을 겁니다. 이것은 우리가 갓 태어난 아이에게 한글 교육을 시키지 않는 것과 같습니다. 책을 읽어준다고 해도 글이 거의 없는 그림책을 보여줄 나이라는 것을 꼭 기억하세요.

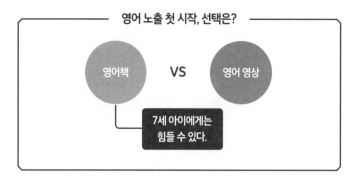

34

엄마표 영어 1년 차 로드맵
: 8세 하루 3시간(집중 관리 1시간) :

엄마표 영어, 적어도 12세는 넘기지 말자

'영어 시작의 적기'라는 것이 명확하게 정해져 있는 것인지 잘 모르겠습니다. 다만 언어학자들의 견해에 따르면 언어 습득뇌가 왕성하게 활동하는 2세부터 12세 이전이 영어 시작에 가장 좋다고 합니다. 제가 운영하고 있는 영어 학원은 8세부터 수업할 수 있습니다. 그래서 6세나 7세의 엄마들에게서 상담 문의를 자주 받습니다. 이럴 때마다 지금은 집에서 영상 노출만 하루에 1시간씩 해 주고 8세에 다시 문의해달라고 말합니다.

영어를 시작하기 가장 좋은 시기가 언제라고 정확하게 말하기 힘든 이유는, 아이의 발달 과정이 서로 다르기 때문입니다. 언어 감각이 뛰어난 아이라면 굳이 7세, 8세까지 기다리면서 일부러 영어 노출을 막을 필요는 없습니다. 반면 언어 감각이나 문자를 익히는 능력이 늦은 아이들이 5세, 6세부터 영어 노출을 하는 것은 옳은 방법이 아닙니다. 다만 적어도 12세를 넘기지는 말아야 하며, 아무리 늦된 아이라도 가능하면 9세에는 영어 노출을 시작해야 합니다. 12세를 넘지 말아야 하는 이유는, 그 나이에는 이미 모국어 장치가 매우 확고하게 자리 잡기 때문입니다.

12세이지만 모국어의 나이는 이미 성인과 같습니다. 우리 어른들이 새로운 언어를 배우기가 힘든 것은 (불가능한 것은 아니지만) 언어 습득의 적기를 넘겨버린 탓도 있지만, 이미 하나의 언어(모국어) 체계가 너무도 완벽하게 자리 잡았기 때문입니다.

12세가 넘어 영어를 시작할 때의 긍정적인 측면

새로운 언어를 받아들일 때 가능하면 모국어의 간섭 없이 받아들이는 것이 좋습니다. 완벽한 모국어로 인해 영어가 걸러지므로 '영어적인 영어'를 습득하기가 쉽지 않기 때문입니다. 이런 이유로 나이가 들수록 학습은 가능해도 습득은 기대하기 힘들어집니다. 물론 12세 이후에 영어를 시작하는 경우 긍정적인 효과는 있습니다. 이 나이에는 귀는 열기 힘들어도 문자를 읽는 눈은 발달했기 때문에 읽기는 상당히 진전될 수 있습니다. 영어는 언어이므로 듣기와 말하기가 우선이지만, 그 시기를 놓쳤다고 해도 실망하지 말고 꾸준히 듣기를 진행하면서 읽기를 병행하면 좋은 성과를 낼 수 있습니다. 이것이 바로 늦더라도 포기하지 말아야 하는 이유입니다.

엄마표 영어 1년 차(8세)의 목표와 실천법

다음은 엄마표 영어 1년 차(8세)의 목표와 구체적인 실천 방법입니다. 초등학교 입학 전인 7세 때부터 1년간의 터 잡기를 해온 아이들은 영어 영상 듣기에 거부감이 없습니다. 영상을 제법 즐기기도 하고 딸형 영어 아이들이면 쫑알쫑알 영어가 튀어나올 수도 있습니다.

| 엄마표 영어 1년 차 목표 |

영어 소리 노출 900시간 채우기

☑ 매일 영화 보기 120분 + 집중 듣기 20분
☑ 7세부터 터 잡기를 했다면 누적 시간 1,200시간

딸형 영어 아이들이면 문자 노출을 시도해도 된다.

7세 때 미리 터 잡기를 마친 8세라면 하루 20분씩 책을 통한 집중 듣기로 문자 노출을 시도해 봅니다. 이때 아들형 영어 아이들과 딸형 영어 아이들의 집중 듣기는 조금 다르게 접근해야 합니다. 딸형 영어 아이들은 문자를 보는 것에 거부감이 없고 오히려 재미있어 합니다. 하지만 문자가 느린 아이는 집중 듣기가 쉽지 않습니다. 그러므로 자기 아이의 특징을 잘 살펴보고 아이에게 잘 맞게 접근해야 합니다.

여기서 집중 듣기란, 오디오가 있는 책을 활용해서 원어민이 책을 읽어주는 소리와 책의 문자를 매칭하면서 듣는 것을 말합니다. 마치 엄마가 한글책을 읽어주면 아이가 책을 보면서 듣는 것과 같습니다. 집중 듣기를 시작하면 진행 과정은 아이에 따라 조금씩 차이가 생깁니다. 그러므로 아이 혼자서 집중 듣기를 할 수 있을 때까지 엄마가 도와주어야 합니다.

◀ **7세 때 터 잡기를 끝낸 준호의 본격적인 집중 듣기**
8세 때 시작하는 집중 듣기는 영어 소리와 영어 문자를 매칭하는 것이지, 책의 내용을 파악하거나 외우는 것이 아니므로 내용을 이해했는지 확인할 필요가 없다.

집중 듣기 주의 사항 ① - 책 내용 물어보기는 패스!

이 시기에 집중 듣기를 하는 것은 듣고 있는 책의 의미를 알기 위해서가 아닙니다. 이 과정의 목표는 아이가 영어 소리와 영어 문자를 매칭하도록 하는 것입니다. 즉 책의 내용을 알기 위해서가 아니라 영어 문자에 익숙해져서 나중에 영어를 읽기 위함입니다.

혼히 집중 듣기를 하고 나서 책의 내용이나 단어의 뜻을 물어보는 경우가 많습니다. 하지만 시작 단계의 집중 듣기는 의미를 파악하려는 행위가 아니기 때문에 이런 질문은 할 필요가 없습니다. 그리고 아직 아이는 책의 내용에 대한 의미를 제대로 파악할 수 없으므로 의미를 묻지 않고 소리와 문자를 잘 매칭하는지만 체크합니다. 아이가 원할 경우에는 반복해서 들려주어도 되지만, 아이에게 책 한 권을 통째로 외우게 할 목표로 반복하는 것은 좋지 않습니다. 다양한 책을 통해 여러 종류의 소리에 노출되는 것을 목표로 해야 합니다. 짧은 스토리북이나 리더스북*을 듣다 보면 어떤 아이들은 소리를 외워서 읽는 경우가 있습니다. 이와 같이 아이가 스스로 읽고 싶어 할 때는 읽게 합니다.

● 스토리북, 리더스북에 대한 내용은 180~181쪽 참고

집중 듣기 주의 사항 ② - 글자를 짚으면서 듣게 하자

집중 듣기를 할 때 아이가 소리를 잘 따라가면서 듣게 하려면 연필이나 손가락으로 글자를 짚도록 합니다. 소리와 문자를 잘 매칭하는지는 아이가 어디를 짚고 있는지 지켜보면 알 수 있습니다. 처음에는 오디오를 틀어놓고 엄마가 옆에서 있어 주면서 아이가 글자를 놓치거나 엉뚱한 글자를 짚고 있으면 도와줍니다. 엄마는 아이가 집중 듣기하고 읽는 시간에 꼭 같이 하도록 합니다.

집중 듣기가 꾸준히 진행되고 아이가 글을 유창하게 읽게 되면 굳이 글자를 짚지 않아도 됩니다. 이 정도 진행되면 아이의 귀는 빠른 속도의 소리에 익숙해지고 이미 글을 다 읽을 수 있기 때문에 글자 짚기를 억지로 시키면 아이가 지루해하고 반발할 수 있습니다.

8세 딸형 영어 아이들 - 집중 듣기, 읽기 시간 배분 방법

딸형 영어 아이들은 영화 보기와 집중 듣기, 그리고 읽기까지 모두 고려하여 진행합니다.

| 집중 듣기 |

집중 듣기는 10분으로 시작합니다. 처음에는 엄마가 옆에서 같이 도와줍니다. 오디오를 틀어놓고 아이는 손이나 연필로 글자를 짚어가면서 듣고 엄마는 아이가 제대로 짚고 있는지 옆에서 지켜봅니다.

10분으로 시작한 집중 듣기는 시간이 지남에 따라 조금씩 늘려보세요. 그러다가 8세 끝 무렵에는 집중 듣기 시간을 30분까지 늘리는 것을 목표로 정합니다. 집중 듣기는 재미있는 스토리북이나 쉬운 리더스북으로 시작합니다.

| 읽기 |

아이는 자주 들었던 책 중에서 짧고 쉬운 책을 읽으려고 할 것입니다. 그리고 파닉스를 가르쳐주지 않아도 읽을 수 있습니다. 아이가 글을 읽는다고 해도 글자를 읽는 것이지, 의미까지 파악하는 것은 아니므로 읽고 나서 뜻을 묻거나 우리말로 한 줄 한 줄 해석해 주지 않습니다. 읽는 것에 대해 칭찬하면서 읽고 싶은 것을 마음껏 읽도록 합니다.

| 8세 딸형 영어 아이들의 3시간 영역별 시간 배분 사례 |

8세, 1년 차	영상 보기(분)	집중 듣기(분)	책 읽기(분)	선택 사항(3시간 외)
시작~2개월	180	10		영상 더 보기
2~5개월	170	20		
5~8개월	160	30		
8~11개월	150	30	10	
11개월 이상	140	30	20	

아들형 영어 아이들의 경우에도 소리 노출과 함께 문자 노출을 시도하기 위해 집중 듣기를 합니다.

| 집중 듣기 |

아들형 영어 아이들은 집중 듣기를 시작하고 적응하는 동안 엄마의 노력이 좀 더 필요합니다. 혼자서 집중 듣기를 할 수 있을 때까지 시간이 걸리기 때문이지요. 그러므로 엄마가 마음의 여유를 갖고 아이와 함께하는 시간을 늘리는 것이 좋습니다. 집중 듣기는 10분부터 시작합니다.

| 8세 아들형 영어 아이들의 3시간 영역별 시간 배분 사례 |

8세, 1년 차	영상 보기(분)	집중 듣기(분)	책 읽기(분)	선택 사항(3시간 외)
시작~5개월	180	10		영상 더 보기
	180	10		
5개월 이상	170	20		
	170	20		
~12개월	170	20		

책 읽기는 아이가 원하지 않으면 넘어가도 좋다.

나쁜 영상 못 보게 하는 게 중요하다

"원장님, 애가 아직 어려서 영상 노출이 꺼려지는데 괜찮을까요?"

이런 질문을 종종 받습니다. 과도한 영상 노출을 배제하고 인스턴트 음식을 먹이지 않는 등 육아에 좀 더 특별한 노력을 기울이는 엄마들이 있습니다. 물론 개인의 판단은 소중하고 존중받아야 한다고 생각합니다. 저도 아이들에게 필요 없는 TV 시청은 금지했고 인스턴트 음식이나 탄산음료를 최대한 멀리 하면서 키웠습니다. 하지만 자연스럽게 영어 소리 노출을 하려면 영상 보기는 필수입니다. 그래서 영상을 전혀 못 보게 하는 것보다 나쁜 영상을 보여주지 않는 것이 더 중요하다고 생각합니다.

TV 노출에 회의적인 엄마가 유튜브 영상에는 관대한 것을 보고 깜짝 놀란 적이 있습니다. 아이를 키우면서 영상 노출을 하지 않는 것은 어쩌면 불가능할 수도 있습니다. 그렇다면 좋지 않은 영상, 자극적인 영상에 노출되지 않게 하는 것이 무조건 막는 것보다 더 중요하다고 생각합니다. 또한 이 시기의 아이에게 영어 습득이라는 목표가 있다면 영어를 습득하기에 가장 좋은 영상 노출을 무조건 거부하기보다 선별적으로 가려서 보여주는 지혜가 필요합니다.

TV 노출에는 부정적이지만,
유튜브 등 영상 노출에는 관대하지 않나요?

35

엄마표 영어 2년 차 로드맵

: 9세 하루 3시간(집중 관리 1시간) :

엄마표 영어 2년 차(9세)의 목표와 실천법

다음은 엄마표 영어 2년 차(9세)의 목표와 구체적인 실천 방법입니다. 이 시기에는 그림 영영사전(picture dictionary)을 적절하게 이용해야 합니다. 2년 차가 되면 아이들마다 특징이 드러나기 시작합니다. 딸형 영어 아이들은 읽기가 유창해지고 아이에 따라서 영어로 글을 쓰려고 하거나 말하는 것이 가능한 경우도 있습니다. 영어 소리 노출 시간은 가급적 채우되, 진도와 도달 목표는 아이에 맞춰서 정하세요.

| 엄마표 영어 2년 차 목표 |

영어 소리 노출 900시간 채우기

☑ 매일 영화 보기 120분+집중 듣기 30분+읽기 30분
☑ 7세부터 터 잡기를 했다면 누적 시간 2,100시간

의미를 이해하기 위해서 1,000권 읽기를 시작한다.

9세 딸형 영어 아이들 - 집중 듣기, 읽기, 쓰기 시간 배분

| 집중 듣기 |

이 시기에는 자유롭게 영상을 보면서 즐기게 되고 영화의 소리를 점점 더 알아듣게 됩니다. 여러 번 재미있게 보았던 영화나 영상의 소리만 따로 녹음한 후 자투리 시간을 이용해서 들어도 좋습니다. 장거리를 차로 이동할 경우에는 차 안에서 듣게 하고 실내에서 블록 놀이를 하거나 그림을 그리면서 놀 때도 영어 소리를 틀어줍니다.

집중 듣기를 할 때 아이가 좋아하는 시리즈를 복습하면 좋습니다. 단 한 권을 반복하는 것이 아니라 시리즈 전체 안에서 복습합니다. 또한 복습은 아이가 원할 경우에 하도록 합니다. 이 시기부터는 챕터북* 단계로 넘어가서 집중 듣기를 합니다.

• 챕터북에 대한 내용은 182쪽, 아이에게 맞는 영어 원서를 찾는 방법은 52–55쪽 참고

이 시기에는 1년 차(8세)에 여러 번 들었던 스토리북이나 리더스북 뿐만 아니라 듣기를 하지 않았던 책도 읽을 수 있습니다. 영어책을 읽을 수 있어도 읽고 있는 책의 의미를 파악하는 것은 아닙니다. 이 시기부터는 본격적으로 의미를 이해하기 위해 쉬운 영어책 1,000권 읽기를 시작합니다. 이렇게 쉬운 영어책 1,000권 읽기를 하면서도 아이가 스스로 원한다면 권수에 제한을 두지 말고 읽게 합니다.

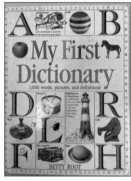

▲ 엄마표 영어를 할 때 영어 단어를
영어로 이해하기 위해 사용했던
영어사전

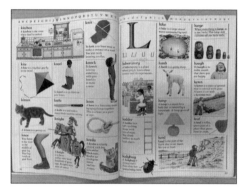

▲ 엄마표 영어 2년 차부터 활용하면 좋은 다양한 그림 영영사전

세이펜이 지원되거나 CD가 포함된 그림 영영사전을 듣기 시간에 유닛(unit)별로 하나씩 들려줍니다. 이 시기의 아이들은 그림 영영사전을 읽을 수 있으므로 듣기 대신 읽어도 좋습니다.

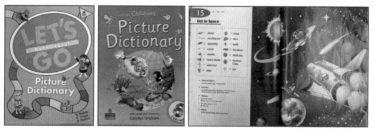

▲ Sight Word를 모아놓은 그림 영영사전

| 쓰기 |

영어책 1,000권 읽기를 시작하면서 책의 제목을 쓰게 합니다. 한글 쓰기를 즐기는 아이들은 낙서장이나 그림 그리기를 할 때 영어를 써 넣거나 스스로 영어 문장이나 편지를 써보기도 합니다. 아이가 영어 글쓰기를 하면 무조건 칭찬만 하고 문법이나 단어 스펠링이 틀린 것을 지적하지 않습니다. 이 시기에는 쓸 수 있다는 것 자체가 대단한 것이라고 마음껏 칭찬해 줍니다.

▲ 글밥이 적어 쉽게 읽기를 시작할 수 있는 원서

▲ 이제 막 책의 제목 쓰기를 시작한 아이

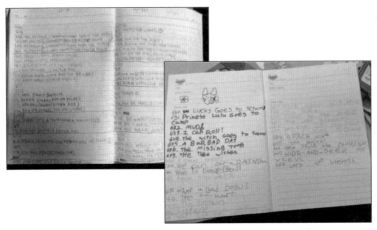

▲ 책 제목 쓰기를 하면서 꾸준히 쉬운 영어책 1,000권 읽기를 진행한다.

이 시기에 그림 영영사전 CD를 틀어놓고 책을 보지 않은 채 들리는 대로 받아쓰도록 해 봅니다. 이것은 파닉스 학습을 하지 않았기 때문에 들리는 소리를 문자로 바꾸어 쓸 때 어떤 알파벳을 써야 할지 생각해 보게 하는 훈련입니다. 어떻게 써야 할지 모르면 한글로 써도 된다고 말해줍니다. 다 쓰고 나면 책을 보면서 틀린 부분을 스스로 고쳐 쓰도록 합니다. 책 한 권이 끝나가면 파닉스를 공부하지 않아도 음가를 알고 있기 때문에 알파벳 조합을 할 수 있습니다.

| 9세 딸형 영어 아이들의 3시간 영역별 시간 배분 사례 |

9세, 2년 차	영상 보기(분)	집중 듣기(분)	책 읽기(1,000권)(분)	선택 사항
~12개월	120	30	30	쓰기

| 집중 듣기 |

영상(영화) 보기는 계속합니다. 그리고 집중 듣기 시간을 조금씩 늘립니다. 한 권당 10분 정도 되는 책을 선정해서 두 권을 집중 듣기 합니다. 얼리 챕터북 단계를 충분히 거치고 30분 정도 되는 챕터북은 챕터를 나누어서 진행합니다. 집중 듣기를 한 책은 한 권을 여러 번 반복하기보다 전체 시리즈를 한 번 끝까지 듣고 나서 다시 듣는 형태로 복습하는 것이 좋습니다. 그리고 그림 영영사전을 반복해서 듣도록 합니다. (이 경우에도 전체 유닛을 진행하고 다시 반복하는 형태로 진행합니다.)

| 읽기(도움 읽기 진행) |

2년 차에 접어들어도 아이가 아직 읽기가 쉽지 않다면 도움 읽기를 진행합니다. 도움 읽기는 집중 듣기 시간에 조금 느리고 쉬운 책을 집중적으로 들은 후 그 책을 아이와 엄마가 같이 읽는 것을 말합니다. 도움 읽기에 적합한 책은 〈An I Can Read Book〉 시리즈와 〈Scholastic Readers〉 시리즈가 있습니다.

도움 읽기 방법을 좀 더 설명하자면 아이는 먼저 집중 듣기 시간에 〈An I Can Read Book〉 시리즈의 〈Little Bear〉 책에서 한 개의 에피소드를 듣습니다. 속도가 느려서 조금 지루할 수도 있지만, 집중해서 듣도록 엄마가 옆에서 있어줍니다. 에피소드 듣기가 끝나면 바로 그 책을 들고 와서 읽게 합니다. 엄마는 옆에서 지켜보고 있다가 읽

▲ 9세 아들형 아이들의 도움 읽기에 적합한 <An I Can Read Book> 시리즈의 검색 화면

지 못하는 단어나 틀리게 읽은 부분을 교정해 줍니다. 그리고 아이가 먼저 읽을 때까지 기다렸다가 못 읽는 부분만 읽어줍니다. 이때 절대 아이를 나무라거나 비난하지 않아야 합니다.

남은 집중 듣기 시간에는 그동안 하고 있는 집중 듣기 책을 듣게 하면서 이렇게 매일 도움 읽기를 진행합니다. 그리고 여러 번 들었던 그림 영영사전으로 도움 읽기를 해 봅니다. 그림 영어사전은 단어로만 이루어져 있고, 여러 번 들었으며, 그림이 있기 때문에 읽을 수 있는 단어가 많습니다. 아이가 리더스북 3

▲ 도움 읽기에 적합한 <An I Can Read Book> 시리즈

단계까지 혼자 읽을 수 있도록 도움 읽기를 진행하고 9세 아들형 영어 아이의 경우에는 아직 쓰기를 시작하지 않습니다.

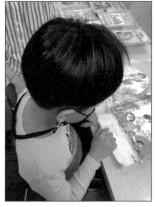

▲ 도움 읽기를 하는 아이들

| 9세 아들형 영어 아이들의 3시간 영역별 시간 배분 사례 |

9세, 2년 차	영화 보기(분)	집중 듣기(분)	도움 읽기(분)	선택 사항
~12개월	130	30	20	

리더스북 3단계까지 혼자 읽을 수 있을 때까지 도움 읽기를 진행한다.

36

엄마표 영어 3년 차 로드맵
: 10세 하루 3시간(집중 관리 1시간) :

엄마표 영어 3년 차(10세)의 목표와 실천법

다음은 엄마표 영어 3년 차(10세)의 목표와 구체적인 실천 방법입니다. 이 시기에는 영상 보기 외에 집중 듣기와 읽기 시간이 늘어나는데, 이때 쓰기와 말하기 시간을 확보해야 합니다. 그리고 아이마다 푹 빠질 만큼 좋아하는 주제가 생길 확률이 높으므로 굳이 하루 3시간이라는 제약을 둘 필요 없이 자유롭게 영상을 시청하면 됩니다.

| 엄마표 영어 3년 차 목표 |

영어 소리 노출 900시간 채우기

☑ 매일 영화 보기 90분 이상+집중 듣기 30분 이상+읽기 30분 이상+
  쓰기 20분 이상+연따 20분
☑ 7세부터 터 잡기를 했다면 누적 시간 3,000시간

> 집중 듣기와 읽기 시간이 늘어나므로
> 쓰기와 말하기 시간을 확보해야 한다.

10세 딸형 영어 아이들 - 집중 듣기, 읽기, 말하기, 쓰기, 시간 배분 방법

| 집중 듣기 |

영화나 영상 보기를 계속합니다. 이 시기가 되면 만화로 된 영화는 거의 이해할 수 있습니다. 그리고 '전체 관람가' 영화 중에서 가족을 주제로 한 영화와 또래의 이야기를 담은 영화도 상당 부분 이해하면서 봅니다. 그러므로 스토리가 있는 영화뿐만 아니라 다양한 소재의 다큐멘터리 영상도 보게 합니다. 특히 어떤 주제에 푹 빠지는 아이들의 경우 관심 주제의 영상을 적극적으로 찾아서 볼 수 있도록 도와줍니다.

이 시기의 집중 듣기는 이전에 챕터북을 충분히 들었으므로 듣기 레벨을 올려야 합니다. 하지만 듣기 레벨을 소설책으로 올릴 경우 주

의해야 할 점이 있습니다. 터 잡기까지 포함해서 영어 4년 차이지만, 나이로는 아직 10세이기 때문에 플롯(plot)이 복잡하거나 아이의 나이와 정서에 맞지 않는 소설책 등은 이해하기 어렵습니다. 따라서 소설책 듣기는 다양한 방법을 모색해 보아야 합니다.

이에 대한 대안으로 영화가 있는 소설을 골라서 영화를 먼저 보여준 후 영화로 본 책을 집중 듣기 합니다. 영화로 만들어진 영어책은 매우 많으므로 적극적으로 찾아서 아이가 볼 수 있게 합니다.

영화로 만들어진 소설 중에서 아이들이 좋아하는 책 ·············

| <A Series of Unfortunate Events>* 시리즈
| <Bridge to Terabithia>*
| <Charlie And The Chocolate Factory>
| <Charlotte's Web> | <Diary of A Wimpy Kid> 시리즈*
| <Freaky Friday>(12세) | <Garfield> 시리즈
| <Harry Potter> 시리즈 | <Matilda>
| <My Secret Cache>*
| <Ramona> 시리즈의 <Ramona and Beezus>*
| <Shiloh> | <Stuart Little>
| <The Chronicles of Narnia>*
| <The Princess Diaries> | <The Spiderwick Chronicles>
| <Twilight> 시리즈(12세) | <Percy Jackson> 시리즈(12세)

▲ 로알드 달(Roald Dahl)
의 <Matilda>

·············

● 〈A Series of Unfortunate Events〉: 〈레모니 스니켓의 위험한 대결〉
〈Bridge to Terabithia〉: 〈비밀의 숲 테라비시아〉
〈Diary of A Wimpy Kid〉: 〈윔피키드〉 시리즈
〈My Secret Cache〉: 〈비밀의 화원〉
〈Ramona and Beezus〉: 〈라모나 앤 비저스〉
〈The Chronicles of Narnia〉: 〈나니아 연대기〉

아이에 따라서 집중 듣기를 1시간 이상 하는 경우도 있는데, 아이가 스스로 원한다면 말리지 마세요. 이렇게 한 번씩 몰아치는 과정을 경험한 아이들은 리딩 레벨이 쑥 오르는 경우가 많습니다. 예를 들어 〈Harry Potter〉를 너무 좋아해서 영화를 보고 또 보고, 듣기도 하고, 읽기도 하고, 몇 달을 그렇게 보낸다면 그 시간 이후의 영어 실력은 이전과는 비교도 할 수 없을 만큼 성장합니다. 아이가 무엇에 빠질 수 있을지, 그 광맥이 무엇인지, 그리고 그것을 찾을 수만 있다면 더할 나위 없는 행운을 손에 쥔 것입니다. 따라서 아이를 3시간의 틀 안에 가두기보다는 아이가 원하는 만큼 하도록 두는 것이 매우 중요합니다.

| 읽기 |

이 시기의 딸형 영어 아이들은 어느 영어책을 펼쳐도 유창하게 읽습니다. 레벨이 상당히 높은 책을 읽는 것도 문제가 없습니다. 하지만 읽고 있는 모든 책의 의미를 이해하는 것은 아니기 때문에 읽기와 듣기는 리딩 레벨 1점에서 2점 정도 차이를 두는 것이 좋습니다. 예를 들어 4점대의 책을 듣고 있다면 읽기는 2~3점대의 챕터북을 읽도록 합니다. 챕터북을 읽게 하면서 좋아하는 스토리북이나 쉬운 책을 같이 읽는 것도 좋습니다. 아이들이 좋아하는 취향도 생길 수 있는 시점이어서 원하는 분야는 마음껏 파고들어 읽도록 유도해 주면 더 좋습니다. 이렇게 하면서 읽기 시간을 조금씩 늘려갑니다.

| 말하기(연따 스피킹) |

연따 스피킹을 시작합니다. 터 잡기를 포함해서 4년 차에 접어들면 영어로 잠꼬대를 하거나, 아이의 입에서 영어가 튀어나오는 등의 경험을 하게 됩니다. 귀가 열리고 있는 아이는 말하고 싶습니다. 귀가 열리면 입을 열어주어야 합니다. 드디어 말하기를 할 때가 온 것입니다.

이럴 때 먼저 연따 테스트를 합니다(258쪽 참고). 연따 테스트는 학원의 레벨 테스트 같은 것이 아닙니다. 아이가 말할 준비가 되었는지 체크하는 것이기 때문에 아이에게 부담을 주거나 압박을 느끼게 해서는 안 됩니다. 연따 테스트에 통과하면(통과 기준은 259쪽 참고) 연따를 학습 루틴에 추가합니다. 처음 연따를 할 때는 5~10분 사이의 스토리북으로 시작하는 방법을 추천합니다. 아이의 연따가 끝나면 엄마는 영어로 질문(발문)을 하고 이러한 연따 과정을 기록해 두면 좋습니다.

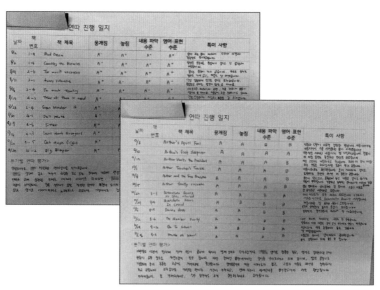

▲ 연따 진행 일지 기록

1주 차 · 진행 일지

월   일   요일

항목	내용	시간
영화 보기		
집중 듣기		
읽기		
기타(연따 등)		
		총( )
코멘트		

월   일   요일

항목	내용	시간
영화 보기		
집중 듣기		
읽기		
기타(연따 등)		
		총( )
코멘트		

월   일   요일

항목	내용	시간
영화 보기		
집중 듣기		
읽기		
기타(연따 등)		
		총( )
코멘트		

002

별책부록 <엄마표 영어 3·6·5 성공노트>의 '기타(연따 등)' 항목에 간단히 적어도 좋다.

연따 스피킹 원서 교재

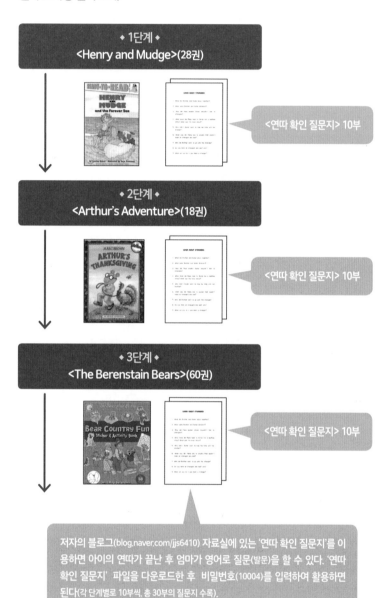

◆1단계◆
<Henry and Mudge>(28권)

<연따 확인 질문지> 10부

◆2단계◆
<Arthur's Adventure>(18권)

<연따 확인 질문지> 10부

◆3단계◆
<The Berenstain Bears>(60권)

<연따 확인 질문지> 10부

저자의 블로그(blog.naver.com/jjs6410) 자료실에 있는 '연따 확인 질문지'를 이용하면 아이의 연따가 끝난 후 엄마가 영어로 질문(발문)을 할 수 있다. '연따 확인 질문지' 파일을 다운로드한 후 비밀번호(10004)를 입력하여 활용하면 된다(각 단계별로 10부씩, 총 30부의 질문지 수록).

연따 스피킹 원서 교재를 1단계부터 3단계까지 차근차근 밟아도 훌륭합니다. 하지만 스토리북 이외에 논픽션(nonfiction)을 지문으로 쓰고 싶은 경우에는 어린이 영어 신문(Time For Kids)이나 시중의 영어 학습서를 사용해도 좋습니다.

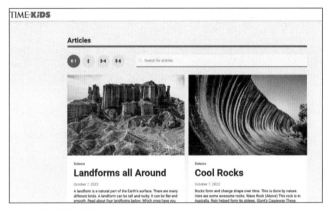

▲ Time For. Kids 사이트

엄마가 연따 질문지를 만들 수 없을 때 유용한 자료

저자 블로그에서 제공하는 연따 질문지를 모두 활용했으면 시중에서 판매하는 영어 학습서를 연따 교재로 사용할 수 있습니다. 이 교재에는 대부분 음원과 문제가 제공되므로 아이가 모두 듣고 나면 → 엄마가 확인용으로 문제를 읽어주고 → 아이가 답하게 하면 됩니다. 이 자료는 영어 학원에서도 교재로 자주 사용합니다. 다만 이런 학습서로 연따를 연습할 경우에는 아이가 자칫 흥미를 잃거나 답을 찾지 못할 수도 있으므로 주의해야 합니다. 그러므로 연따는 244쪽에서 설명한 1, 2, 3단계를 먼저 충실하게 하는 것이 중요합니다.

엄마가 연따를 도와줄 수 없을 때 아이 혼자 하기에 좋은 연따 자료는 〈English for Everyday Activities〉 시리즈입니다. 이 시리즈는 현실에서 만날 수 있는 실제 상황별 내용이 그림과 함께 문장으로 실려 있습니다. 총 60일간 60유닛으로 되어 있어서 하루에 한 유닛씩 반복해서 진행할 수 있습니다. 그냥 연따를 하는 것도 좋지만, 상황별로 동작을 취하고 (예를 들면 이를 닦는 상황이라면 이를 닦는 포즈를 취하고) 움직이면서 연따를 한다면 영어 문장이 몸에 배여 자기 것이 되면서 혼잣말처럼 영어가 무의식에 쌓일 수 있습니다. 이 시리즈는 잘 활용하면 연따 후에 엄마가 질문지로 질문하지 않아도 아이 혼자 할 수 있다는 장점이 있습니다. 그러므로 되도록이면 삽화의 주인공처럼 아이도 움직이면서 같이 연따해 보세요.

▲ 〈English for Everyday Activities〉 시리즈는 엄마가 연따를 도와줄 수 없을 때 아이 혼자 하기 좋은 연따 교재이다.

〈Grammar in Use〉도 엄마가 연따를 봐줄 수도 없고 질문지를 만들 수도 없을 때 활용하면 좋은 교재입니다. 이 책은 제목에서 말하듯이 문법서이지만, 실제 문장을 사용할 때 문법이 어떻게 활용되는지에 대한 설명이 너무 잘 되어 있어서 회화 교재로도 훌륭합니다. 또한 엄마표 영어로 영영식 영어를 습득한 아이에게는 불필요한(적어도 말문이 열려서 말을 하기 전까지는) 한국식 문법을 어린 나이에 접하지 않으면서도 영영식 문법을 체화할 수 있는 매우 훌륭한 교재입니다. 문장이 짧고 반복되는 패턴이 많아서 연따를 하다 보면 문장이 외워지면서 자동으로 튀어나오게 됩니다. 삽화만으로도 문장을 이해하기 쉬워서 문법 내용을 우리말로 설명하는 것을 최소화할 수 있습니다. 그리고 무엇보다 4년 차의 아이들이 혼자서도 잘 학습할 수 있는 훌륭한 교재입니다.

 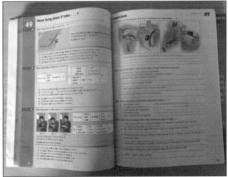

▲ 한국식 문법을 접하지 않고 영영식 문법을 직접 익힐 수 있는 〈Grammar in Use〉

그 외에 여러 번 본 영화의 오디오도 훌륭한 연따 재료입니다. 자주 본 영화이기 때문에 소리만 들어도 장면이 연상되고, 반복해서 연따를 하다 보면 굳이 외우려고 하지 않아도 자동으로 암기가 됩니다. 이렇게 암기된 문장은 성인이 되어서도 자연스럽게 튀어나올 정도로 무의식 속에 각인됩니다.

엄마가 전혀 연따를 도와줄 수 없는 경우에는 (질문 없이) 연따만 해도 괜찮습니다. 스토리북 한 권을 중간에 끊지 않고 책을 덮은 채 연따를 하면 질문이나 질문지가 없어도 가능합니다. 실제로 제가 두 아이와 연따를 했을 때도 엄마의 질문 없이 아이 혼자 연따를 했습니다. 그림을 그릴 때나 둘이서 레고를 만들면서 놀 때 아이들이 좋아하는 영화의 오디오만 따로 녹음해서 틀어주면 놀면서 소리를 중얼중얼 따라 하곤 했습니다. 이렇게 질문 없는 연따만 해도 입을 어느 정도 열어줄 수 있습니다. 아이가 연따로 하는 말을 들어주고 대답해주면 더 좋겠지만, 그렇지 못한 상황이 되어도 자연스럽게 발화할 수 있습니다.

연따는 좋은 훈련이지만, 먼저 귀부터 열어야 한다는 사실을 반드시 명심해야 합니다. 귀가 열리지 않은 상태에서의 연따는 아이들을 힘들게 하고 싫어하게 만들 뿐이라는 것을 꼭 기억하세요.

| 쓰기 |

한글이든, 영어든 '쓰기'라는 아웃풋은 듣고, 말하고, 읽은 후에나 나옵니다. 아이들의 한글 글쓰기도 초등학교 저학년의 시기를 지나야 제대로 틀이 갖춰집니다. 의미 있는 글쓰기를 하려면 초등학교 고학년 정도는 되어야 합니다. 게다가 영어 글쓰기는 더 시간이 걸리고 더 많이 노력해야 하는 영역입니다. 하지만 이 시기에 딸형 영어 아이들은 영어 글쓰기도 그다지 어렵게 느끼지는 않습니다.

제가 운영하는 학원생 중에서 주영이는 4학년 때 호주 여행을 다녀온 이야기를 써오라고 했더니, A4 용지 두 바닥을 써와서 깜짝 놀란 적도 있습니다. 또 어떤 아이는 〈Harry Potter〉를 너무 좋아한 나머지 〈Harry Potter〉와 관련된 글을 여러 번 써서 제게 보여준 적도 있습니다. 물론 처음에 이 아이들의 글쓰기는 영어 스펠링도 엉망이고 문법적인 오류도 상당히 많습니다. 하지만 우리말 글쓰기가 시간이 지나면서 맞춤법이 정확해지고 문장이 가다듬어지듯이 영어 글쓰기도 마찬가지입니다. 결국 쓰고 싶은 이야기가 있느냐 하는 것이고 쓰고 싶은 이야기가 있을 때 두려움 없이 쓸 수 있다는 것이 중요합니다.

▲ 아이들이 자유롭게 쓴 글

문법을 배운 적도 없는 아이들이 어떻게 글을 쓰냐고 물을 수 있습니다. 그러면 저도 되묻고 싶습니다. 문법을 6년 넘게 배운 우리는 왜 영어 글쓰기를 못하는 걸까요? 이런 논리라면 단어도 많이 외우고 문법도 많이 배운 우리들이 훨씬 더 글을 잘 써야 합니다. 하지만 현실은 어떤가요? 영어 글쓰기를 해 보면 아마 A4 용지 한 장도 채우기 힘들 것입니다.

영어로 말할 때 문법과 독해가 독이 되듯이 영어 글쓰기를 할 때도 이것들이 독이 됩니다. 차라리 좋은 스토리북 한 권을 필사하는 것이 더 낫습니다. 여러 번 필사하고 베껴 써서 자신의 문장으로 만드는 것이 훨씬 더 효과적입니다. 그리고 필사만큼이나 좋은 영어 글쓰기가 있는데, 저는 이것을 '연따 라이팅'이라고 부릅니다. 연따 라이팅은 연따로 주고받은 대답과 질문을 그대로 써보는 것입니다. 연따 교재를 따로 만들 수 없는 경우에는 앞에서 열거한 교재들을 연따하면서 그대로 써볼 수도 있습니다.

연따가 무르익었을 때 주제를 주고 아이에게 말하기를 시키면 충분히 말을 할 수 있습니다. 이렇게 말이 유창한 경우에는 자신의 말을 녹음하거나 그대로 받아서 적어 내려가면 됩니다. 저는 이것을 'S-writing(말하는 대로 쓰기, 스피킹 라이팅)'이라고 부릅니다. 말하는 대로 쓰는 스피킹 라이팅도 훌륭한 쓰기 방법입니다. 일단 쓰고 나서 스펠링을 교정하면 되니까 스펠링이 틀리는 것은 걱정하지 않아도 됩니다. 실제로 제가 운영하는 영어 학원에서 한 학생이 중학생 PPT 대회에서 최우수상을 받았는데, 그 학생의 글쓰기는 거의 말하는 대로 쓰는 글쓰기였습니다.

모든 아이에게 쓰기까지 잘하기를 기대하는 것은 힘들 수 있습니다. 한글 쓰기도 다르지 않습니다. 모든 아이가 모국어로 훌륭하게 글을 쓰는 것은 아니기 때문입니다. 하지만 딸형 영어 아이들은 이렇게 쓰기에서도 좋은 아웃풋을 내는 경우가 많습니다. 한글 글쓰기가 끊임없이 써보는 훈련을 한 후에 좋아지듯이 영어 글쓰기도 지독한 훈련과 연습이 꼭 필요합니다.

| 10세 딸형 영어 아이들의 3시간 영역별 시간 배분 사례 |

10세, 3년 차	영화 보기(분)	집중 듣기(분)	읽기(분)	연따(분)	쓰기(분)
~12개월	90~	30~	30~	20	20~

10세 아들형 영어 아이들 - 집중 듣기, 읽기, 말하기, 쓰기 시간 배분 방법

| 집중 듣기 |

영상 보기는 이 시기에도 중요합니다. 우선 아이가 좋아하는 영화를 마음껏 보게 해 줍니다. 아들형 영어 아이들은 챕터북 구간에서 집중 듣기에 걸리는 시간이 매우 긴 편입니다. 챕터북 구간은 보통 리딩 레벨 2점에서 3점 후반까지를 말하는데, 아들형 영어 아이들은 이 구간에서 상당히 오랫동안 머물게 됩니다.

리딩 레벨 2점대의 챕터북이라고 해서 결코 쉬운 책은 아닙니다.

아이들에 따라서는 챕터북 구간에서 레벨이 멈출 수도 있습니다. 터 잡기를 포함해서 4년째 영어를 하고 있는데, 리딩 레벨 2점 후반에서 더 오르지 못한다고 실망할 이유는 전혀 없습니다. 많이 듣고 읽은 아이의 리딩 레벨 2~3점과 단어 암기, 문제 풀이로 나오는 리딩 레벨 3점은 전혀 다르기 때문입니다. 또한 집중 듣기 레벨이 오르지 않는다고 해도 연따를 위해 포기하지 말고 영상 노출과 집중 듣기를 해야 합니다. 많이 느린 아이들도 말할 때가 온다는 사실을 명심하면서 포기하지 않고 정진하기를 바랍니다.

| 읽기 |

이 시기에는 도움 읽기를 졸업하고 혼자서 영어책을 읽을 수 있는 읽기 독립을 하게 됩니다. 아직 읽기 독립이 되지 않았다면 도움 읽기를 계속합니다. 〈An I Can Read Book〉 3단계(리더스북 3단계)까지 혼자 읽을 수 있게 되면 도움 읽기를 끝내고 쉬운 영어책 1,000권 읽기를 시작합니다. 쉬운 영어책 1,000권 읽기를 할 때도 짧고 쉬운 책만 계속 읽어도 괜찮습니다. 엄마는 아이가 쉬운 책을 충분히 읽도록 기다려줍니다. 그리고 여러 번 듣기를 했던 그림 영영사전을 혼자 읽도록 합니다. 쉬운 책을 열 권 정도 읽는다면 다섯 권 정도는 소리 내서 읽도록 합니다.

| 말하기(연따 스피킹) |

아들형 영어 아이들도 터 잡기를 포함해서 4년 차에 접어들면 딸형 영어 아이들만큼 유창하지는 않아도 말하기를 할 수 있습니다. 지금 읽고 있는 책과 관련된 질문을 영어로 한두 마디 정도 물어보면 어느 정도 알아듣곤 합니다. 아들형 영어 아이들이 연따 테스트를 할 때는 속도가 너무 빠른 것보다 조금 느린 것을 선택하세요. 딸형 영어 아이들은 〈Arthur's Adventure〉 정도의 속도로 테스트를 한다면 아들형 영어 아이들에게는 〈Henry and Mudge〉 정도가 적당합니다. 통과 기준도 너무 엄격하게 적용하지 않는 것이 좋습니다. 소리를 80% 이상 잡아내고 열 개의 질문에 다섯 개 이상 알아듣고 대답하면 통과입니다. 연따를 진행할 때도 진도를 조금 천천히 하는 것이 좋으므로 〈Henry and Mudge〉 정도의 스토리북을 복습하면서 진행합니다.

▲ 10세 아들형 영어 아이들에게 적합한 연따 스피킹 교재
  〈Henry and Mudge〉

연따를 할 때 중요한 것은 연따를 하는 그 목적을 잃지 않는 것입니다. 연따를 하는 이유는, 소리를 알아듣게 된 아이의 입을 열어주기 위해서입니다. 무엇이라도 입으로 직접 발화하는 것이 연따의 목적입니다. 연따에 관한 질문을 할 때도 의미 파악까지 가능한지를 보

는 것이지, 책 내용을 정확하게 알고 있는지 물어볼 필요가 없습니다.

우리말 동화책도 책을 안 보고 소리만 듣고 따라 한다면 앞의 내용은 기억하지 못할 수 있습니다. 영어 연따도 마찬가지입니다. 아이가 소리를 듣고 내용을 어느 정도 이해한 후 해당 내용을 가지고 상대방과 대화를 할 수 있는지가 중요합니다. 왜냐하면 정답을 맞추는 퀴즈 대회가 아니기 때문입니다. 여러 번 강조해서 말하지만, 가장 중요한 것은 반드시 최소 2년 이상 영어 소리가 노출되어 귀가 열렸다고 판단되는 아이에게 연따를 해야 합니다. 엄마 욕심에 무리하게 연따부터 시작하거나 소리에 충분히 노출되지 않은 아이에게 연따를 시키는 것은 절대 금지입니다. 아무리 좋은 연따라도 아직 준비되지 않은 아이에게는 영어와 멀어지게 만드는 독약과 같습니다.

아들형 영어 아이들의 연따는 244쪽에서 딸형 영어 아이들에게 제시한 단계 중 1단계를 충분히 반복하고 2단계로 넘어가야 합니다. 그리고 2단계에서도 복습을 해야 하고 3단계에서도 복습을 해야 합니다. 연따는 진도가 아니라 말을 해 보는 것이 더 중요하므로 충분히 복습을 해도 좋습니다.

엄마가 연따 발문을 할 수 없을 경우에도 앞에서 설명한 방법으로 연따를 하게 합니다. 〈Grammar in Use〉 교재의 경우에는 가급적 문장이 짧고 쉬운 유닛을 골라서 연따를 하는 것도 좋은 방법입니다. 이 책은 워낙 양이 많기 때문에 중요한 부분만 골라서 연따를 해도 충분합니다. 아이는 혼자 연따를 하고 엄마는 질문을 하지 않고 연따를 하는 것만 들어주어도 충분합니다.

| 쓰기 |

아들형 영어 아이들의 쓰기는 시간이 많이 필요합니다. 그러므로 처음부터 빠른 결과를 기대하면 절대로 안 됩니다. 쉬운 영어책 1,000권 읽기를 시작하면 읽은 책의 제목을 쓰는 것부터 시작합니다. 제목을 쓸 때도 처음에는 알파벳 하나하나 쓰는 시간도 오래 걸립니다. 하지만 엄마는 진득하게 기다려야 합니다.

여전히 소리를 듣고 쉬운 책 읽기를 하면서 연따 스피킹을 시작했으니 쓰기는 좀 더 천천히 가겠다는 마음으로 느긋하고 여유 있게 지켜봅니다. '1,000권 읽기를 하면서 제목만 쓰는 것도 대성공이다!'라는 마음이 중요합니다. 제목 쓰기가 익숙해지면 여러 번 들었던 그림 영영사전을 따라 써보게 합니다. 그림 영영사전은 주로 단어로 이루어졌기 때문에 좀 더 쓰기가 쉽고, 이제까지 많이 들었던 것이어서 자신도 모르게 음가를 들으면서 알파벳을 조합할 수 있게 됩니다. 처음부터 잘할 수는 없기 때문에 처음에는 느리고, 틀리고, 답답할 것입니다. 하지만 '내 아이가 그래도 귀는 열려있고 말도 어느 정도 한다.'라는 것을 명심하고 마지막 아웃풋인 쓰기를 아이에게 맞게 천천히 진행합니다.

| **10세 아들형 영어 아이들의 3시간 영역별 시간 배분 사례** |

10세, 3년 차	영화 보기(분)	집중 듣기(분)	읽기(분)	연따(분)	쓰기(분)
~12개월	90~	30	30	20	20

이제 터 잡기를 시작으로 엄마와 함께하는 3년간의 몰입 영어의 시간이 끝나갑니다. 제가 아이의 언어 감수성에 따라 '아들형 영어 아이들'과 '딸형 영어 아이들'로 나누었지만, 아이들이 이렇게 정확히 두 부류로만 나누어지지는 않습니다. 아이들은 저마다 학습 능력이 모두 다릅니다. 그리고 비슷한 능력의 아이들도 세밀하게 살펴보면 그 안에서 또 다르기 때문에 학습 능력 스펙트럼이 정말 넓고 촘촘합니다. 자신의 아이가 어떤 아이인지 엄마표 영어를 진행하다 보면 점점 더 자세히 알게 됩니다. **3년의 시간을 월별로 딱딱 나누는 것도 조금 무리가 있습니다.**

몰입 영어를 1년만 해도 말문이 터지는 아이가 있고, 책 읽기는 좋아하는데 입은 과묵해서 말하기를 무척 싫어하는 아이도 있습니다. 획일화된 학원의 커리큘럼으로는 이런 아이들의 특징을 모두 담아내지 못합니다. 엄마와 같이 3년간의 몰입 영어를 진행하다 보면 '아, 내 아이가 이렇구나!', '이건 정말 잘하네!', '이건 좀 부족하네!' 하는 부분을 자연스럽게 알게 됩니다.

'읽기는 좀 부족해도 말은 알아듣고 자기 의사를 표현할 줄 아는 아이구나!', '영어 연따를 집에서는 참 잘하는데, 다른 사람들 앞에서는 부끄러워서 입을 닫는구나!' 등등 아이의 특징을 정확히 알게 되면 모든 아이를 한곳으로 몰아가는 줄에 세우지 않아도 됩니다. 내 아이에 맞게 영어 그릇을 만들어 주고 나면 거기에 무엇을 더 입히고 학습적인 영어를 추가해도 전혀 문제가 없습니다. 다른 과목에서 학습적인 부분이 느린 아이라고 해도 영어만큼은 100점을 받을 확률이 높습니다. 100점을 맞지 못하면 또 어떻습니까? 내 아이는 이미 영어로 의사소통이 가능한 아이가 되어 있는걸요.

엄마와 함께하는 3년간의 영어 혁명 이후의 로드맵은 아이들에 따라 또 달라지겠지만, 모국어 단계를 생각해 보면 어떻게 진행해야 할지 알 수 있습니다. 아이들은 모국어를 듣고, 말하고, 읽고, 쓰고 초등학교에 입학합니다. 학년이 올라갈수록 읽고 쓰는 활동이 더욱 중요해집니다.

배움과 학습은 결국 문자로 이루어진 정보를 읽고, 쓰고, 시험 보는 것입니다. 영어도 마찬가지입니다. 3년간의 영어 혁명으로 듣고, 말하고, 읽고, 쓸 수 있는 능력과 그릇을 만들었습니다. 그 다음에 매진해야 할 읽기와 쓰기는 아이들의 영어 그릇에 따라 또 달라질 것입니다.

저는 이 책에서 15년 동안 만나고 있는 세상의 아이들이 보여준 특징과 반응, 결과, 그리고 여기에 맞는 방법을 모아서 로드맵을 작성했습니다. 엄마의 영어와는 다른 영어를 아이에게 주고 싶은 젊은 엄마가 제 앞에 있다고 가정하고 그 엄마가 자기 아이와 함께 즐겁고 행복하게 영어를 같이 하면 좋겠다는 마음으로 이 로드맵을 완성했습니다. 제가 완성한 로드맵이 아이는 행복하고 엄마는 더 행복한 3년의 시간을 채워나가는 데 큰 도움이 되기를 간절히 바랍니다.

아이들마다 귀가 열리는 때가 다르다

2년간 영어 소리에 노출된 후 자연스럽게 말을 내뱉는 아이도 있고, 3년이 지나도 멀뚱멀뚱 쳐다만 보는 아이도 있습니다. 가족이 영어권 나라로 휴가 여행을 떠났을 때 현지에서 만나는 원어민의 말을 알아듣거나 영어로 대답을 하면 그제서야 엄마는 깜짝 놀라서 아이가 영어로 말할 수 있다는 것을 알게 됩니다. 하지만 그렇지 않을 경우에는 아이의 귀가 열려가는지 잘 모를 수 있습니다.

우리 아이가 귀가 열렸는지, 말할 준비는 되었는지 체크해 보는 방법이 있습니다. 엄마표 영어를 시작한지 2년 이상 지나면 연따 테스트를 해 봅시다.

연따 시작을 위한 진단 테스트

진단 테스트는 8~10분 정도의 길이가 적당하며, 읽어주는 속도는 분당 120 글자 이상이 좋습니다. 왜냐하면 속도가 너무 빠르면 호흡이 가쁜 어린 아이들은 쫓아가기 바쁠 수 있고, 속도가 너무 느리면 아직 귀가 열리지 않은 아이들도 쫓아갈 수 있기 때문입니다. 이 경우 처음 연따를 시작하는 데 부담이 없지만, 텍스트의 속도가 빨라지고 내용이 어려워지면 계속 진행할 수 없게 됩니다.

준비물

연따를 위한 텍스트 원서 + CD(또는 오디오 파일)

▲ YES24의 <Arthur's Adventure> 시리즈 검색 화면. 연따 테스트를 하기에 속도와 내용이 적당하다.

▲ YES24의 <Henry and Mudge> 시리즈 검색 화면. 연따 테스트하기에는 속도가 조금 느리고 내용도 쉬운 편이다.

테스트 진행 전 **원서 미리 검토하기 + 테스트 안내**

엄마는 내용을 파악하기 위해 미리 원서를 읽어보는 것이 좋습니다. 원서와 CD(또는 오디오 파일), 질문지를 준비하고 아이에게 연따하는 방법을 알려줍니다. 이때 아이가 긴장하지 않도록 도와줍니다.

〈연따 하는 방법〉

1. 들리는 대로 문장을 끊지 않고 따라 한다.
2. 1~2초 간격을 두고 쫓아가면서 따라 한다.
3. 영어를 영어로 생각하면서 따라 한다.

테스트 시작

아이는 책을 보지 않고 연따를 하고 엄마는 책을 봅니다. 엄마는 아이가 따라 말하기를 놓치는 부분과 발음이 뭉개지는 부분을 체크합니다. 연따 테스트를 녹음하거나 녹화해도 좋습니다.

〈테스트가 끝난 후 할 일〉

1. 연따가 끝나면 준비된 질문을 영어로 읽어준다. ☐
2. 아이가 대답할 수 있는지 체크한다. ☐
3. 단어로 말하는지, 문장을 만드는지 체크한다. ☐

〈테스트 통과 기준〉

1. 소리를 90%는 따라 한다. ☐
2. 질문의 절반 이상을 이해한다. ☐
3. 질문에 대한 대답을 영어로 할 수 있다. ☐
4. 문장을 만들어 대답하는 것이 제일 좋지만, 간단하게 단어로 ☐
   대답해도 통과시킨다.
5. 답이 좀 틀려도 통과시킨다. ☐
   (왜냐하면 연따는 정답을 말하는 문제 풀이가 아니라 영어로 대화가
   가능한지를 확인하는 것이기 때문이다.)

6. 영어로 하는 질문은 알아들었는데 대답을 한국말로 해도 ☐
   통과시킨다.

   (왜냐하면 영어의 의미는 알고 있는데, 말하기가 아직 힘든 경우이므로
   연따 훈련을 통해서 조금씩 좋아지기 때문이다.)

─── <테스트를 통과하지 못하는 기준> ───

1. 소리를 절반 이상 놓친다. ☐
2. 연따 후 영어로 한 질문의 내용을 이해하지 못한다. ☐
3. 어떤 형태로든지 대답하지 못한다. ☐

연따 테스트를 하다 보면 엄마들도 아이의 상태를 제대로 알 수 있습니다. 어떤 아이는 유창하게 연따를 하고, 질문도 알아들으며, 대답도 잘합니다. 반면 어떤 아이는 연따를 조금 놓치기도 하고 알아듣지 못하는 질문도 있지만, 문장을 한 번에 내뱉어서 엄마가 깜짝 놀라기도 합니다. 아이들마다 각양각색의 반응을 보이지만, 모두 발전해가는 과정이므로 테스트 자체만으로도 충분히 의미가 있습니다. 잘하지 못한 아이에게도 이 정도 해낸 것만으로도 엄청난 발전이라고 격려해 줍니다.

▲ 연따를 설명하는 저자

에
필
로
그

Again 엄마표 영어!
들불 같은 열정으로!

20여 년 전 영어에 미친 엄마들의 행동력

20년 전의 영어는 43년 전 제가 배운 영어와 거의 비슷했습니다. 저는 책을 읽고 문제는 풀 수 있어도 듣고 말하지 못하는 영어에 절망했습니다. 그리고 이런 영어를 아이들에게 물려줄 수 없다고 생각했습니다. 20년 전 그때, 저는 제 두 아이의 영어를 집에서 시작했습니다. 아이들에게 저와는 다른 영어를 갖게 하기 위해서 지금까지와는 다른 방법을 찾아야 했습니다. 결국 문자 학습으로 시작했던 영어에서 듣기 중심의 영어로 방법을 바꾸었습니다.

영어도 모국어처럼 듣기 먼저 시작해야 한다는 말, 귀가 열리면 입을 열어주어야 한다는 말은 현실 속에서 힘이 없었습니다. 현실 속에서 저는 그냥 이상한 여자, 영어에 미친 여자였습니다. 내 아이의 영어 학습 방법을 바꾸려는 엄마들의 움직임은 온라인에서 먼저 시작되었습니다. 집에서 하루에 3시간씩 영화를 보고 영어책을 듣고 읽기만 했는데도 영어에 날개를 단 아이들의 이야기가 알려지면서 동참하려는 엄마들의 움직임이 들불처럼 번져갔습니다. 현실에서는 미친 여자 취급을 받는 엄마들이 온라인의 커뮤니티로 모여들었습니다. 더 많은 커뮤니티가 생겨났고 영어 사교육 시장에는 영어 원서가 넘쳐나기 시작했습니다. 거의 모든 커뮤니티에서 이렇게 새로운 방법에 대한 증언이 쏟아져 나왔습니다. 정말 흥분과 감동의 시간이었습니다. 그때의 분위기는 마치 중세의 암흑 문화를 끝내고 이탈리아에서 시작된 르네상스시대 같은 느낌이었습니다. 하지만 지금은 엄마표 영어가 일부 아이들의 성공적인 경험담으로 여겨지면서 이전의 열정적인 분위기가 사라진 것이 무척 안타까울 뿐입니다.

간판도 없던 영어 공부방, 하지만 끊이지 않았던 상담 전화

저의 두 아이가 모두 자라서 더 이상 엄마표 영어를 진행할 필요가 없어질 때쯤 저는 주변 엄마들의 권유로 영어 공부방을 열었습니다. 이때 제가 실행했던 영어 공부방의 커리큘럼은 제 두 아이에게 실행했던 방법 그대로였습니다. 이 방법이 가장 확실하고 이 방법으로 제 아이들이 성공했는데, 다른 방법을 찾아야 할 이유가 없었습니다. 어쩌면 사교육 시장의 분위기를 몰라서 용감했을 수도 있었습니다. 사교육 시장은 그렇지 않았으니까요. 대형 브랜드 어학원에서부터 지역에서 유명한 영어 학원, 영어 교습소, 영어 공부방, 그리고 아파트 단지 안의 영어 과외 선생님까지 여전히 우리 때와 거의 비슷한 방법으로 아이들의 영어를 가르치고 있었습니다.

저는 제 아이들이 성공한 방법으로 세상 아이들을 만났습니다. 저의 영어 공부방에서는 모든 아이들이 무자막으로 영화를 보고, 영어책 듣기를 하며, 영어책을 읽었습니다. 문법 학습이나 단어 암기 및 해석 등은 전혀 하지 않았습니다. 엄마표 영어가 엄마 자신의 아이들을 성공시키고 그 성공담이 이제 더 이상 신기한 일도 아닌데, 막상 사교육은 그렇지 않다니! 저는 이것이 정말 이상했고 받아들이기 힘들었습니다. 제 아이들이 성공한 방법이 다른 아이에게 통하지 않을 리가 없다는 믿음이 있었습니다. 언어 감각이 뛰어난 딸뿐만 아니라 그렇지 않은 아들까지도 성공할 수 있는 방법은 이것 말고는 없었습니다.

아직 새로운 변화의 물결에 동참하기 힘들어하는 엄마들, 그리고 다른 집 아이는 될지 몰라도 내 아이는 될 수 없다고 생각하는 엄마들, 영어는 역시 단어와 문법을 공부하고 문제 풀이가 최고라고 믿는 엄마들……. 이와 같이 현실 속에서 수많은 엄마들을 만났지만, 저는 저의 믿음과 확신을 잃지 않았습니다. 성공의 방법을 알고 있었고 타협하지 않았습니다. 결국 저의 열정에 많은 엄마들이 설득되었고 15년 동안 저의 영어 학원은 항상 문전성시를 이루었습니다.

엄마들은 방법을 몰라도 자기와는 다른 영어를 아이에게 갖게 하고 싶다는 한결같은 마음이 있습니다. 엄마들과 성공하는 영어 이야기를 하면서 저는 저의 뜨거운 열정을 감추지 못했습니다. 일을 하면 할수록 더욱 열정이 끓어올랐습니다. 간판도 없는 저의 영어 공부방에는 명함도 없었지만, 엄마들의 상담 문의는 끊이지 않았습니다. 거의 매일 상담을 했고 어떤 날은 서너 명의 엄마들이 한꺼번에 찾아와서 작은 설명회를 열기도 했습니다. 이렇게 엄마들에게 열정을 덜어내고 모두 소진해도 다음날이면 샘물처럼 열정이 다시 솟아났습니다. 그러는 사이에 공부방에서 학원으로 확장 이전을 하게 되었고 지금은 두 개의 영어 학원을 운영중입니다. 저의 운영 방법은 엄마들에게뿐만 아니라 새로운 방법에 목마르던 전국의 수많은 영어 학원 원장님들에게까지 알려졌고 지금은 이분들에게 저의 영어 학습 방법을 알려주고 있습니다. 이 방법은 거짓도 아니고 일부 아이들의 전유물도 아닙니다. 언어 감각이 뛰어난 아이도 듣고 말합니다. 좀 느린 아이도 결국 듣고 말합니다.

읽기 중심으로 바뀐 엄마표 영어, 다시 아이 중심으로!

엄마표 영어도 트랜드가 조금씩 바뀌면서 지금은 읽기가 더욱 강조되고 있습니다. 저는 이런 분위기가 걱정스럽습니다. 책 읽기는 정말 중요하고 저도 문자형 인간이어서 읽기를 좋아하지만, 모든 아이들이 읽기를 잘하는 것은 아닙니다. 세상의 아이들은 각자의 능력이 모두 다르고 잘하는 것도 다릅니다. 잘하지 못하는 것에 기준을 두고 모든 아이들을 같은 방향을 향해 달리게 하면 실패하는 아이가 생깁니다.

영어는 아이의 미래를 바꿀 수 있을 만큼 중요합니다. 이렇게 중요한 영어가 일부 잘하는 아이들의 전유물이 되지 않으려면 아이들마다 서로 다른 로드맵으로 접근해야 합니다. 그런데 이 로드맵은 사교육으로는 절대 해결되지 않습니다. 오직 자신의 아이를 잘 아는 엄마만 이 일을 해낼 수 있습니다.

처음 엄마표 영어를 시작할 때 설렘과 동시에 누구도 가르쳐주지 않은 길을 가야한다는 생각에 막연한 마음도 있었습니다. 이 한 권의 책이 이제 막 엄마표 영어를 시작하려는 엄마들에게 막연함은 덜어주고 설렘은 가득하게 해 주기를 바랍니다. 저는 하고 싶은 말을 이 세상의 엄마들에게 모두 할 수 있어서 더없이 행복한 시간이었습니다. 20여 년 전 한 권의 책이 제 아이들의 영어를 바꾸고 저의 인생을 바꾼 것처럼, 이 한 권의 책이 단 한 명이라도 아이의 영어를 바꾸고, 단 한 명이라도 엄마의 인생을 바꾼다면 그 소명을 다한 것입니다. 제가 걸었던 3년의 시간을, 제가 먼저 와서 기다리고 있습니다. 후배님들 어서 어서 오세요!

당신의 다정한 선배이자, 영어 멘토

정재순

책 속 부록

영어 혁명
15년 보고서

저자 블로그: blog.naver.com/jjs6410

01

웬만한 어른보다 스피킹이 더 훌륭해요
(ft. 민준이를 위해 꾸준히 기다려준 민준이 엄마)

한글도 늦었는데 영어도 그렇겠지요?

아들형 영어 아이들이 말하기를 하지 못할 것이라는 생각은 편견입니다. 민준이는 초등학교 3학년 때 저를 만났습니다. 첫 만남에서 민준이 엄마는 민준이가 한글을 정말 늦게 깨우쳤다면서 영어도 늦을 각오를 하고 있다고 말하셨습니다. 아이를 잘 알고 있으니 아이에 맞게 영어도 가고 싶다고 하셨지요. 대부분 이렇게 말해서도 엄마들은 시간이 조금 지나면 초조해하기 마련입니다. 민준이가 학원에 등원하기 시작한지 2년이 넘어갈 때쯤 저는 마음이 좀 급해졌습니다.

어느 날 퇴근길에 민준이 엄마와 마주쳤을 때 "민준이가 영어책을 잘 읽고 정말 잘해요."라는 말을 전하고 싶었는데, 그럴 수가 없었습니다. 민준이는 읽기에 전혀 진전이 없었기 때문입니다. 속상한 제 마음을 알았는지 민준이 엄마는, 우리 민준이가 영어 학원을 너무 좋아하고 아무리 피곤해도 영어 수업에 빠지는 것을 싫어한다면서 영어를 좋아하는 것만으로도 감사하다고 말하셨습니다. 저는 조금만 더 기다리면 읽기뿐만 아니라 말도 잘하게 될 것이라고 힘주어 이야기했습니다. 민준이 엄마는 묵묵하게 기다리셨지만, 제 마음이 급해져서 방학 때마다 진행하는 영어 리딩캠프 기간이면 민준이의 읽기 독립(선생님의 도움 없이 혼자서 영어책을 읽을 수 있는 단계)을 위해서 부단한 노력을 기울였습니다.

읽기는 힘들어도 마블 영화를 좋아했던 아이

민준이는 2시간의 수업 시간 동안 정말 단 한 번도 자리에서 일어나지 않고 영어에 몰두하는 아이였습니다. 특히 영화를 볼 때면 옆에서 누가 쓰러져도 모를 정도로 빠져들었습니다. 오직 읽기가 힘들었을 뿐 민준이는 영화와 영어 모두 좋아하는 아이였지요.

민준이가 영어를 시작한지 2년 8개월 정도 지난 5학년 여름에 민준이 엄마는 민준이 이모가 잘 아는 원어민 선생님에게 주 1회 스피킹 수업을 시켜보고 싶다고 말하셨습니다. 저는 민준이가 학원에서 읽기 연습중인 책 한 권을 빌려주면서 아직 읽기는 유창하지 않지만, 원어민이 하는 말을 알아듣고 말도 할 수 있을 것이라고 말했습니다. 원어민 선생님과의 첫 수업 이후에 민준이 엄마는 제게 기쁨과 감사의 마음이 가득한 장문의 카톡을 보내주셨습니다. 민준이는 원어민 선생님과의 첫 수업에서 말도 잘 알아들었고 대답도 유창하게 잘했다면서 깜짝 놀랐다는 내용이었습니다.

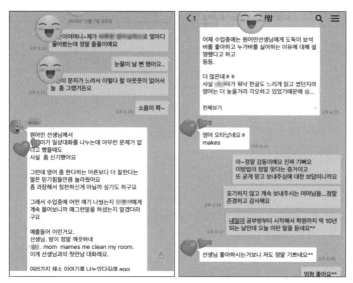

▲ 원어민 선생님의 칭찬에 감동한 민준이 엄마와의 카톡 대화

"선생님, 정말 너무너무 신기해요. 민준이가 원어민 선생님의 영어를 다 알아듣고 말도 술술 해요. 원어민 샘이 '얘는 영어를 이렇게 잘하는데 뭐 하러 스피킹 수업을 받죠? 웬만한 어른의 일상 회화 실력보다 훨씬 잘해요.'라고 말하셨어요!"

민준이가 워낙 느려서 말하기는 더 오래 걸릴 것이라고 생각했는데, 마치 이날을 기다렸다는 듯이 원어민과 대화를 하는 것을 보니 너무 신기했다면서 제게 감사하다고 말하셨어요. 원어민 선생님이 민준이의 스피킹 실력이 대단하다고 칭찬하는 것은 물론이고 자신이 마치 '웨스턴 보이'와 대화하는 느낌이었다는 말에 민준이 엄마와 아빠는 너무너무 기뻤다고 하셨습니다.

"Mom makes me clean my room."

원어민과의 첫 만남에서 민준이는 선생님을 자기 방으로 안내하며 이렇게 첫마디를 했습니다. 그날은 민준이 아빠도 휴가여서 때마침 집에 있었는데, 엄마 아빠는 민준이의 첫마디를 듣고 너무 놀라서 서로 얼굴을 쳐다보았다고 하셨습니다 민준이가 말을 하는 것도 신기한데, 문장이 문법적으로 완벽해서 더 놀라셨답니다. 민준이는 첫 수업에서 선생님과 어색한 분위기를 풀고 싶어서 이런저런 농담을 영어로 말했습니다.

"도둑이 제일 좋아하는 아이스크림은 보석바, 제일 싫어하는 아이스크림은 누가바!"와 같이 썰렁 개그를 영어로 한 민준이. 저는 그 톡을 보고 아차 했습니다. 학원의 다른 아이들이 귀가 열려서 스피킹을 할 수 있는지 알아보는 테스트를 볼 때 당시 저는 민준이는 다음에 테스트를 해야겠다고 미루었습니다. 아들형 영어 아이들도 귀가 열리고 스피킹을 할 수 있다는 것을 알면서도 민준이는 읽기를 너무 힘들어해서 저도 모르게 아직은 때가 되지 않았다고 생각했던 것입니다. 하지만 민준이는 이미 말할 준비가 된 상태였습니다. 얼마나 말이 하고 싶었을까요? 민준이가 거침없이 영어를 쏟아냈다는 민준이 엄마의 톡을 읽고 또 읽으면서 정말 기뻤습니다.

모국어에 귀가 열리면 모국어로 말을 하듯이 영어 소리에도 귀가 열리면 영어로 말을 하는 것은 당연합니다. 하지만 막상 이런 경험을 할 때마다 저는 심장이 뜁니다. 또 한 명의 아들형 영어 아이의 입이 활짝 열린 것을 확인한 순간이었지요. 다음 날 민준이가 학원에 왔을 때 저는 신이 나서 이것저것 물었습니다. 민준이는 "아~ 부끄러운데, 부끄러운데……." 하면서도 제가 묻는 말에 대답했습니다. 마블(Marvell) 영화를 정말 좋아하는 민준이에게 마블 영화와 관련된 몇 개의 질문을 영어로 했더니 민준이는 유창하게 대답했습니다. 제일 좋아하는 캐릭터는 '닥터 스트레인지(Doctor Strange)'이고 그 이유는 그의 망토인 'Cloak of Levitation'[*] 때문이라고 하던 민준이의 목소리가 정말 꿈결 같았습니다.

● 〈Cloak of Levitation〉: 레비테이션(공중 부양) 망토

02

골프 선수의 영어 인터뷰를 동시 통역해 준 아들
(ft. 중학교 수준의 영어 문제를 척척 풀던 수호)

아이들은 하루 아침에 달라지지 않는다

"제가 좋아하는 골프 선수가 영어 인터뷰를 하는데요, 수호가 바로 통역해 줬어요. 저는 쉬운 문장도 못 알아듣는데, 수호는 다 들리나 봐요. 정말 신기해요"

수호 엄마가 기뻐하면서 쏟아낸 말입니다. 수호는 지금 초등학교 6학년으로, 2학년 때 처음 만났습니다. 엄마는 수호가 한글 읽기가 정말 늦었고 쓰기도 아직 너무 서툴다고 말하셨습니다. 아이가 늦을 걸 알고 있으니 영어를 포기하지 않고 즐겁게만 할 수 있으면 좋겠다면서 찾아오셨습니다. 수호는 우리 둘째와 똑같은 아들형 영어 아이입니다. 다만 둘째가 들로, 산으로 돌아다니는 아이라면 수호는 내향적이고 조용한 아이입니다. 수호의 누나 지윤이는 수호와 너무 다른 딸형 영어 아이여서 저는 꼭 제 아이들을 보는 것 같았습니다.

수호는 누나를 따라 열심히 영어 학원을 다녔습니다. 다행히 수호는 영상을 보는 것을 즐겼습니다. 수호는 등원해서 영화를 보고 영어책 집중 듣기를 했지만, 영어책 읽기가 정말 느렸습니다. 2학년 때 영어를 시작했는데, 2년이 지나도 읽기에 전혀 진전이 없었습니다. 저는 아들형 영어 아이들을 잘 알고 있어서 묵묵히 영어 소리를 채우면서 기다렸습니다. 수호는 영화를 정말 좋아했고 영어책 집중 듣기도 좋아해서 즐겁게 학원을 다녔습니다. 수호는 3년이 지나면서 조금씩 읽기 시작했습니다.

수호가 영화의 대사를 영어로 알아듣고 스피킹을 하게 되는 일은 하루아침에 뚝딱 벌어지는 드라마틱한 사건이 아니었습니다. 수호가 영어로 첫 말을 하기까지는 3년 9개월 정도의 시간이 필요했습니다. 그 시간 동안 꾸준히 영어 소리를 채워나갔습니다. 모국어로 가득 차 있는 수호의 뇌에 '영어'라는 전혀 생소한 외국어 소리가 차곡차곡 채워지는 시간이었습니다. 일주일에 4~5번은 영어 학원에 와서 영화를 보고, 조금씩 책을 듣고, 읽고, 그러면서 영어 소리가 채워졌습니다. 그러다가 영어 말을 알아듣고 영어로 대답도 하게 된 것입니다.

느려도, 더뎌도 아이들은 매일 변하고 있다

세상 그 어느 것에도 왕도가 없듯이 영어에도 왕도는 없습니다. 그냥 묵묵하게 소리를 채우면서 시간을 보내는 것입니다. 수호 엄마는 중간중간에 정말 답답했을 것입니다. 수호의 친구들은 이른바 빡센 영어 학원을 다니면서 단어를 외우고 독해집도 풀면서 벌써 중등 대비 문법을 두 바퀴나 돌고 있었습니다. 주변에서는 수호를 걱정한다면서 아직도 영화를 보고 책 듣기만 하냐고, 그러다가 중학교에 가면 큰일 난다고 수호 엄마의 속을 긁는 말을 했습니다. 딸형 영어 아이인 누나 지윤이를 보고 있으면 수호가 더 답답하게 느껴졌을 것입니다. 묵묵하게 기다리던 수호 엄마도 무척 답답할 때가 분명히 있었을 겁니다.

느리고 더뎌도 수호는 제자리에 있지는 않았습니다. 3년이 훌쩍 지났을 때 읽기는 여전히 더뎠지만, 조금씩 영어 소리의 의미를 파악하고 있었기 때문입니다. 저는 이것을 증명하려고 수호에게 영어 학습서를 풀게 했습니다. 보통 일반 영어 학원에서는 영어 학습서(일종의 독해 문제집)를 풀고, 해석하며, 단어도 외웁니다. 수호는 아직 읽기가 유창하지 않아서 읽고 푸는 문제는 해결할 수가 없었습니다. 저는 아이의 영어 실력 향상을 기다리는 엄마들이 힘들고 지쳤을 때 이 고비를 넘으라고 아이에게 이런 학습서를 듣고 풀게 합니다. 물론 정규 커리큘럼은 아닙니다. 엄마들이 기다림의 시간을 좀 더 견딜 수 있게 도와주기 위해서, 아이가 유창하게 읽지는 못해도 듣고 의미 파악은 하고 있음을, 즉 귀는 열려가고 있음을 증명해 보이는 차원에서 하는 것입니다.

문제를 읽어주면 답을 찾아내는 신기한 아이

스스로 학습지를 풀기에는 버거워하지만, 제가 문제와 보기를 읽어주면 아이는 듣고 정답을 고릅니다. 정말 신기한 일입니다. 아이의 이런 모습을 보고 나면 엄마는 아이가 제자리에 있는 것이 아님을 알게 됩니다. 글을 빨리 읽지 못한다고 그 동안의 노력이 물거품이 되는 것은 아닙니다. 아들형 영어 아이들은 읽기에 오랜 시간이 걸립니다. 그 시간을 묵묵히 참으면서 좋아하는 영상을 통해 소리를 채워가다 보면 귀가 점점 더 예민해지면서 마침내 열리는 것입니다. 이제 곧 말을 할 시기가 가까워지는 것이지요.

머릿속에 가득했던 영어를 말하기 시작하다

아들형 영어 아이들처럼 수호의 읽기는 조금씩 나아졌습니다. 아들형 영어 아이들에게는 상당한 시간 동안 주변의 도움 읽기가 필요합니다. '도움 읽기'란, 혼자서 영어 읽기가 힘든 아이들을 선생님이나 엄마가 옆에서 지켜보며 읽지 못하는 단어가 나오면 같이 읽어주는 것을 말합니다. 아주 쉽게 읽을 수 있는 책을 골라서 읽다가 모르는 단어가 나오면 선생님이 읽어주고 아이가 다시 한번 따라 읽는 것을 저는 '도움 읽기'라고 부릅니다. 딸형 영어 아이들은 도움 읽기 구간이 거의 없지만, 아들형 영어 아이들은 이 과정이 반드시 필요합니다. 게다가 아이에 따라서는 이 기간이 상당히 오래 걸리기도 합니다.

수호는 귀가 열려가는 것을 확인한 후에도 꽤 오랫동안 도움 읽기를 했습니다. 이렇게 도움 읽기를 그대로 진행하면서 연따 스피킹 수업을 시작했습니다. 일주일에 한 번 30분씩 선생님과 일대일로 하는 말하기 수업을 수호는 항상 고대했나 봅니다. 얼마나 좋아하고 신나 하던지요. 처음에는 부끄러워서 목소리도 작았지만, 첫 수업이 끝나갈 때쯤 수호는 이미 이 수업을 즐기고 있었습니다. 수호는 그동안 머릿속에 가득했던 영어를 말하고 싶었던 것입니다. 미리 준비하거나 숙제도 없이 진행되는 이 수업에서 수호는 그동안 하고 싶었던 말을 조금씩 했습니다. 물론 처음이라 어색했고 생각처럼 말이 잘 나오지는 않았지만, 무언가 속이 후련했다면서 재미있어했습니다.

동화책 한 권을 10분 정도 연따를 하고 책의 내용에 대한 선생님의 질문에 대답했습니다. 영어로 묻는 선생님의 질문을 알아듣고 그것에 대한 대답을 할 수 있어서 수호는 너무 좋았습니다. 순식간에 30분이 지나고 수호는 흥분해서 얼굴이 빨개진 채 수업을 마쳤습니다. 첫 수업이 어땠냐는 저의 질문에 재미있었다고 말하면서 환하게 웃었습니다. '좀 더 잘 대답할 수 있었는데……' 하는 아쉬운 마음도 있었을 것입니다. 저는 다음 주에는 더 잘할 수 있을 거라고 수호를 응원했습니다.

수호는 2학년부터 영어를 시작했는데, 5학년 초에는 읽기가 진전되었고 5학년 12월부터는 스피킹 수업을 시작했습니다. 6학년인 수호는 3월부터 중학교 수업을 대비하여 주 1회 중등 영어에 필요한 공부를 하고 있습니다. 엄마는 수호가 스스로 숙제도 하고 얼마나 열심히 공부하는지 무척 놀랍다고 하셨습니다. 한글뿐만 아니라 모든 것이 느렸던 수호가 초등학교 졸업 전에 영어를 알아듣고, 말하기도 가능하며, 중등 대비 공부도 열심히 한다면서 좋아하셨습니다.

아직도 영화를 보고 책 읽기만 하는 학원에 다니냐고 수호를 걱정하던 주위 엄마들의 아이들을 생각해 봅니다. 중학교 문법을 두 바퀴째 하고 있다는 그 아이들 중에서 문법과 함께 영어를 듣고 말할 수 있는 아이들이 과연 몇 명이나 될까요?

03

툭 치면 툭 영어가 나온다
(ft. 문자가 느려 읽기에 고전한 수아)

읽지는 못했지만 의미를 알고 있었던 아이

지금 초등학교 6학년인 수아는 1학년 때 저를 처음 만났습니다. 수아 엄마는 수아의 영어를 다르게 시작하고 싶어서 저를 찾아오셨습니다. 한참 상담을 하고 난 후 수아 엄마는 조용히 말하셨습니다. "내일부터 매일 보낼게요, 원장님. 잘 부탁드립니다." 수아는 학교가 끝나면 쪼르르 학원으로 달려왔습니다. 작고, 귀엽고, 새침한 수아는 영어를 정말 좋아했습니다. 영화를 보고 책을 듣고 있는 모습을 보면 제대로 알아듣지 못해도 얼마나 집중하는지 느낄 수 있었습니다. 1년 6개월 정도 지나니 수아는 영어 소리를 어느 정도 알아듣게 되었습니다.

"orphanage, orphan"

수아는 감수성도 예민한 아이입니다. 〈The Little Mermaid〉[*]의 마지막 챕터를 듣고 나서는 자리에서 벌떡 일어나 저에게 뛰어왔습니다. 너무 속이 상해서 어쩔 줄 모르며 저를 붙잡고 씩씩거렸습니다. 'Little Mermaid'가 'spirit'이 되었다면서 너무 바보 같다고 했어요. 자기 같으면 왕자를 죽이더라도(?) spirit은 되지 않을 거라고 속상해했습니다. 왕자가 끝내 인어공주의 사랑을 알아보지 못했기 때문에 인어공주가 물거품이 된 것이 너무 속상했던 것입니다. 〈Daddy Long Legs〉[*]를 다 듣고 나서는 해피엔딩이 썩 마음에 들었는지 이번에도 조잘조잘 제게 말했습니다.

"선생님, 애벗(Abbot)이랑 저비스(Jervis)가 이미 orphanage에서 만났어요."

그래서 저는 물었지요.

"orphanage가 뭐야?"

"음……, orphan들이 모여 사는 곳이요."

"orphan이 뭔데?"

"엄마 아빠가 없는 아이들이요."

수아는 아직 '고아원'이라는 우리말을 몰랐습니다. 수아는 orphanage를 '고아원'이라고 바로 해석하지 못했지만, 그곳이 orphan, 즉 엄마

- 〈The Little Mermaid〉: 〈인어공주〉
  〈Deddy Long Legs〉: 〈키다리 아저씨〉

아빠가 없는 아이들이 모여서 함께 사는 곳이라는 것을 알고 있었습니다. 수아는 문자 orphanage를 아직 읽지는 못했지만, orphanage를 말로 할 수 있었을 뿐만 아니라 의미까지 알고 있었습니다. 저는 쫑알쫑알 떠드는 수아가 정말 귀엽고 대견했습니다.

전쟁 같았던 수아의 읽기

수아는 영어 소리를 듣고 의미를 알아가는 능력은 좋았지만, 읽기는 그렇지 않았습니다. 2학년 말이 되어도 좀처럼 읽으려고 입을 떼지 않았습니다. 아주 쉬운 책인데도 글자를 노려보기만 할 뿐 읽지 못하겠다면서 짜증을 내기도 했습니다. 글밥이 한 줄 정도의 아주 쉬운 리더스북도 버거워했습니다. 수아의 읽기를 위해서 온갖 방법을 총동원했을 정도로 저는 수아의 읽기에 공을 들였습니다.

수아의 집에는 쉬운 영어책이 있는데, 그 책을 우선 집에서 읽기를 연습해 오라고 했습니다. 그리고 학원으로 그 책을 가져오면 저와 같이 다시 읽었습니다. 학원에 오는 5일 중에서 4일을 열심히 책 읽기를 하면 하루는 책 읽기를 빼주기도 하는 등 온갖 방법을 총동원해서 조금씩 읽게 했습니다.

읽기는 마치 전쟁 같았지만, 수아의 말하기는 툭 치면 툭 나올 만큼 자연스러웠습니다. 하루는 금요일에 수업을 마친 수아가 핸드폰을 두고 갔습니다. 월요일에 수업 온 수아가 학원 문을 열고 들어서자마자 저는 책상 위에 있는 수아의 핸드폰을 가리키며 아주 간단한 영어 한마디를 던졌습니다.

"Is it yours?"

수아는 문 앞에 잠시 멈춰 서서 책상 위의 핸드폰을 보더니

"Yes, It's mine. I forgot that."이라고 바로 영어로 대답했습니다. 이 말이 수아가 맨 처음 말한 영어 문장입니다. 짧고 생생한 문장이어서 지금도 기억하고 있습니다. 저는 수아에게 forget을 '잊다'라고 해석해 준 적이 없는데, 수아는 그 단어를 알고 있었고 심지어 forgot이라고 말했습니다. 간단한 문장이지만 툭 던졌는데, 1초의 망설임도 없이 툭 튀어나오는 수아의 말에 저는 또 감동했습니다. 저와 만나고 2년 9개월 정도 지난 시점이었습니다.

수아는 영어로 말하는 것을 정말 좋아했습니다. 수아도 스피킹 테스트에 통과해서 주 1회 연따 스피킹 수업을 시작했습니다. 수아는 2년간 연따 수업을 받았는데, 스피킹이 무르익은 5학년 2학기 말부터는 읽기 레벨이 급상승했습니다. 그래서 너무너무 좋아하는 〈Harry Potter〉를 듣고, 영화로 보고, 책으로도 읽게 되었습니다. 6학년인 지금 〈Harry Potter〉를 듣고 있다고 하면 대단하다고 생각할 수 있습니다. 물론 대단한 수아입니다. 그러나 수아가 1학년부터 영어를 시작한 것을 생각하면 빠르다고는 할 수 없습니다.

저는 가끔 수아를 보면서 영어를 영어로 알아듣는다는 것은 어떤 느낌일까 궁금합니다. 수아가 영어로 자신의 의견을 유창하게 말할 때, 무엇보다 거부감 없이 자연스럽게 영어 말하기가 튀어나오는 것을 볼 때마다 저는 벅찬 감동이 솟아납니다.

6학년 수아는 지금 주 1회 영어 원서를 정독하고 라이팅하는 수업을 하고 있습니다. 수아는 초등학교를 졸업하기 전에 영어에 관해서는 듣고, 말하고, 읽고, 쓰는 모든 영역을 다루게 되었습니다. 무엇보다 수아는 영어의 4대 영역에 전혀 부담을 느끼지 않고 있습니다. 이것이 제일 행복하고 다행스러운 일이라고 수아 엄마와 저는 모두 만족하고 있습니다.

04

유난히 컸던
듣기와 읽기의 차이를 극복하다
(ft. <Harry Potter> 찐팬 유나, 유주 자매)

문자 앞에서 늘 머뭇거리던 쌍둥이 자매

유나와 유주 쌍둥이 자매는 유치원을 졸업하고 초등학교 입학 전인 2월에 저에게 왔습니다. 두 자매는 인형처럼 예뻤습니다. 아직 앳된 아기 모습도 귀여웠지요. 자매는 집에서 학습지로 영어를 하다가 제가 운영하는 영어 학원에 온 것입니다. 부끄러움을 많이 탔지만, 둘이서 이유 없이 까르르 웃으면서 매일 등원했습니다. 자매의 영어 속도는 빠르지도, 느리지도 않고 평범하게 진행되었습니다. 하지만 읽기를 시도하면서부터 블로킹이 걸렸습니다.

여학생들이고 8세 초부터 시작한 것을 감안하면 이제 어느 정도 문자를 인지하겠다고 생각해서 쉬운 책 읽기를 시도했습니다. 하지만 책만 뚫어져라 쳐다볼 뿐 읽으려고 하지 않았습니다. 자매는 2학년이 되어도 아직 아기 말투(baby talk)를 가지고 있었습니다. 가끔 아주 아기 같은 아이들이 있는데, 자매도 그런 편에 속했습니다. 하지만 듣기에는 상당한 진전이 있었습니다. 빠져들 듯이 화면을 보며 완전히 몰입해서 영화를 보곤 했지요. 영어책 집중 듣기도 무리 없이 진행 중이었습니다. 2년 정도 지나서 자매는 읽기를 시작했습니다. 이 정도 문자 노출을 했으면 이제 읽을 준비를 해야 하기 때문에 두 아이가 책 읽기를 싫어한다고 해도 더 이상 미룰 수가 없었습니다. 유나와 유주 자매는 영어책을 대하는 태도가 거의 비슷했는데, 읽으려고 하지 않을 뿐만 아니라 첫 글자만 운을 떼고는 굳게 입을 다물어 버렸습니다. 이렇게 다문 입을 여는 것은 정말 쉬운 일이 아니었습니다. 하지만 포기할 수 없어서 하루하루 유나, 유주와 읽기 전쟁을 치렀습니다.

또래보다 도움 읽기를 힘들어했던 아이들

저는 15년간 영어 학원을 운영하면서 나름 빅데이터를 갖게 되었습니다. 보통 여학생들의 경우 열 명 중 일곱 명 정도는 일정 시간이 지나서 도움 읽기를 시작하면 힘들어하다가도 때가 되면 읽습니다. 그런데 유나와 유주 자매는 전혀 그렇지 않았어요. 읽기에 진전이 없었고 여전히 아이 말투로 말끝을 흐리기도 하고 목 안에서 웅얼거릴 뿐, 입 밖으로 시원하게 소리를 뱉어내지도 않았습니다.

무슨 소리를 내는지 들을 수 있어야 발음도 교정해 줄 텐데 정말 난감했습니다. 읽기가 이렇게 고전을 면치 못했지만 듣기는 그렇지 않았습니다. 자매는 영화를 보거나 책 듣기를 할 때는 하염없이 그 소리에 빠져들었습니다. 완전히 몰두해서 보기 때문에 제가 흔들어도 잘 모를 때가 있을 정도로 소리에 빠져 있곤 했습니다. 자매가 3학년이 되고 읽기가 조금씩 나아지고 있었지만, 만족할 만한 수준은 아니었습니다. 그 사이 듣기는 상당히 진도가 나가 있었고 자매의 듣기 실력은 정말 좋아졌습니다.

벌써 3년인데, 읽기는 왜 좋아지지 않는 거죠?

어느 날 퇴근 무렵에 자매의 엄마가 전화를 하셨습니다. 집에서 아이들에게 책을 읽혀보았는데, 제대로 읽지를 못한다고 하시면서 벌써 3년이 다 되어가는데 이 정도도 읽지 못하는 게 말이 되냐면서 물으셨어요. 엄마는 많이 실망한 상태였고 화가 나 있었습니다. 저는 달리 할 말이 없었습니다. 이제 챕터북 듣기를 시작했으니 아이들의 읽기도 좋아질 것이라고 말할 뿐이었습니다. 문자를 읽으려면 문자에 노출되는 것이 중요한데, 글이 많은 챕터북 집중 듣기를 시작하면 읽기가 좋아지게 된다고 설명하면서 엄마를 진정시켰습니다. 엄마는 1시간 정도 속상함과 답답함을 호소하셨습니다.

저도 마음이 좋지 않았습니다. 자매의 읽기를 위해서 최선을 다하고 있었지만, 결과는 제 마음과 같지 않았습니다. 도움 읽기는 물론 파닉스 수업은 하지 않는다는 학원의 규칙을 깨고 파닉스책 듣기도 시켰습니다. 저로서는 할 수 있는 모든 카드를 다 쓰고 있었던 셈입니다. 하지만 자매의 글 읽기는 너무나 느렸습니다. 항상 문자 앞에서 머뭇거렸고 분명히 읽을 수 있는 글자도 소리로 내뱉으려고 하지 않았습니다. 학원을 운영하면서 처음으로 난제에 봉착한 것 같은 심정이 들었습니다. 하지만 몇 달 후에 이 문제는 전혀 다른 곳에서 해결되었습니다.

네이버 영어 기사를 정확히 이해하던데요?

"유나와 유주가 네이버의 영어 기사를 듣고는 정확하게 이해하더라고요." 자매의 엄마가 속상함과 원망이 뒤섞인 심정을 토로하고 서너 달이 지난 어느 날, 학원을 방문한 엄마의 표정이 밝았습니다. 지난 번 엄마와의 통화 이후에 더욱 더 열심히 자매의 읽기에 신경 쓰고 있어서 아이들의 읽기는 조금씩 나아지고 있었습니다.

엄마는 밝게 웃으면서 "유나와 유주가 귀는 많이 열렸나 봐요. 저번에 좀 알아듣나 싶어서 네이버의 영어 기사를 틀어주니 다 듣고는 우리말로 정확하게 해석을 해 줘서 깜짝 놀랐어요. 듣고 있던 남편도 놀라며 영어는 계속 공부하라고 하네요!"

저는 뜻밖의 이 말에 깜짝 놀랐습니다.

"저번에 여행을 갔다 왔잖아요. 그때도 식당에서 주문할 때 웨이터가 나와서 한참 말하는데, 우리 부부는 못 알아들었거든요. 그런데 애들이 자꾸 나가자는 거예요. 나중에 물어보니 오늘의 요리 재료가 모두 떨어져서 주문을 받지 못한다고 웨이터가 말했다고 하더라고요."

엄마는 유나와 유주가 사실 한글도 많이 늦었는데, 영어도 똑같은 것 같다면서, 그래도 알아듣는 것만도 정말 신기했다고 하셨습니다. 그 뒤로는 엄마의 원망 섞인 전화를 받은 기억이 없습니다.

4학년 말, 이제는 입을 열어주어야 하는 순간

유나와 유주의 읽기는 만족스럽지는 않았지만, 두 아이의 귀가 활짝 열린 것은 여러 곳에서 확인되었습니다. 영어 동화를 들을 수 있는 인터넷 사이트에서 레벨이 높은 이야기를 한 챕터씩 듣게 한 후 문제를 풀게 했습니다. 물론 제가 문제를 읽어주긴 했지만, 자매는 리딩 레벨 5점이 (미국 교과서 기준 초등학교 5학년, 한국 교과서 기준 고등학교 1~2학년 지문 수준) 넘는 이야기를 단지 듣기만으로 답을 찾을 정도로 수준이 매우 높았습니다. 읽기는 느려도 귀는 열리고 있다는 것을 확인했고 이제 입을 열어주어야 하는 단계가 되었습니다.

유나와 유주 자매는 4학년 말에 연따 스피킹 수업을 시작했습니다. 스피킹 수업에서 자매는 좀 특이했습니다. 책의 내용을 들으며 바로바로 쫓아가면서 소리를 잡아야 하는데, 소리를 잡으면서 연따를 하다가도 재미있는 부분이 나오면 여지없이 깔깔대고 웃느라 소리 내기를 멈추었어요. 선생님의 입장에서는 당황스러운 일이지만, 웃음 포인트에서 정확하게 웃음을 터트리는 아이들을 보면 유나와 유주가 책의 의미를 제대로 파악하고 있다는 것을 확인할 수 있었습니다. 사실 영어로 된 책을 읽거나 영화를 보면서 그 사람들의 유머 감각까지 알아듣고 웃는 것도 보통 경지는 아닙니다. 그들의 문화와 언어, 말장난 등을 그들의 사고로 이해해야만 웃을 수 있는 것입니다. 이것이 바로 미국 코미디를 보고 우리가 웃기 힘든 이유입니다.

리딩 레벨 6~7점 수준의 <Harry Potter>를 이해하다

유나와 유주는 그 후에도 듣기는 쭉쭉 앞으로 나갔고 5학년부터는 〈Harry Potter〉를 듣기 시작했습니다. 두 아이는 제가 옆에 가서 CD 플레이어를 꺼야 듣기를 멈출 정도로 하염없이 듣기에 빠져들었습니다. 적당히 듣기를 멈추고 책 읽기도 해야 하는데, 자꾸만 트랙이 넘어가도 일어나지를 않아서 제가 강제 종료(?)를 한 것입니다. 다른 생각을 하고 있었는지 확인하고 싶어서 들었던 부분의 내용을 물으면 저도 놓친 디테일한 부분까지 해석해 주곤 했습니다.

〈Harry Potter〉는 리딩 레벨 6점에서 7점을 넘나드는 책으로, 이 정도의 책을 이해한다면 듣기 실력이 상당한 것입니다. 하지만 자매는 읽기 때문에 6학년 내내 저와 전쟁을 했습니다. 두 아이가 읽기를 못하는 것은 아니지만, 원하는 수준의 책을 읽게 하려고 제가 무척 애를 썼습니다. 여전히 문자 앞에서 머뭇거리기도 하고 웅얼거리는 습관도 완전히 고쳐지지는 않았습니다. 이럴 때마다 마음이 편하지 않았지만, 듣기를 하는 모습은 제 마음에 쏙 들었습니다. 초등학교를 졸업할 때 자매의 엄마는 이런 말을 하셨습니다.

"6학년 졸업 전에 〈Harry Potter〉를 듣고 이해하면 저는 그걸로 만족해요. 글이 조금 느린 아이들인 걸 이제는 이해합니다."

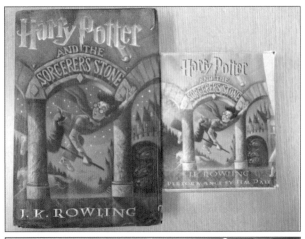

▲ 리딩 레벨 6~7점 사이인 <Harry Potter> 책과 영어 오디오 CD

중학교 영어 시험 정도야 당연히 100점!

누구나 초등학교 졸업 전에 〈Harry Potter〉를 듣고 이해할 수 있는 영어 실력을 갖게 되는 것은 아닙니다. 영어 문자를 빨리 읽었다고 초등학교 졸업 전에 〈Harry Potter〉를 듣고 이해할 수 있나요? 이 책을 이해하는 수준의 아이들은 아무리 문자가 느려도 커가면서 읽기는 더욱 더 좋아질 것입니다. 결국 읽기도 완성되겠지요.

유나와 유주는 지금 중학교 2학년인데, 학교 시험은 어떨까요? 학교 시험 정도야 당연히 100점입니다. 물론 컨디션에 따라 한 개 정도 틀릴 수도 있겠지만 말입니다.

05

워킹맘도 엄마표 영어를 하고 싶어요
(ft. 영어의 4대 영역에 고른 실력을 갖춘 연우, 선우 형제)

아이들에게 받은 스승의 날 영어 카드

스승의 날을 앞두고 선우에게 한 통의 카드를 받았습니다. 간결하게 딱 할 말만 하는 선우의 편지를 읽고 무한 감동을 받았습니다.

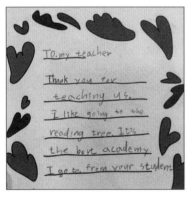

To my teacher

Thank you for
teaching us.
I like going to the
reading tree. It's
the best academy
I go to from your student.

▲ 스승의 날 선우가 준 영어 편지

연우와 선우 형제는 초등 2, 3학년 때 제게 왔습니다. 아이들의 엄마는 엄마표 영어만이 가장 좋은 영어 학습이라고 생각했다가 소개를 받고는 바로 저를 찾으셨습니다. 형제는 총명하고 얌전했습니다. 워킹맘인 엄마는 엄마표 영어를 직접 하기에는 여건이 안 되었지만, 학원을 보내면서도 자투리 시간을 내어 형제에게 최선을 다해서 영어 소리를 들을 수 있는 환경을 만들어주었습니다.

학원에서 공부하는 2시간 수업과 별도로 형제는 집에서 또 자투리 시간을 이용해서 1시간 이상씩 영화를 보고 영어 동화를 들었습니다. 형제의 영어 노출 시간은 하루에 총 3시간이 넘었습니다. 형제는 하루에 최소 3시간씩 3년 이상을 쉬지 않고 줄기차게 영어 노출을 진행했습니다.

연우와 선우의 영어 수업은 순조롭게 진행되었습니다. 행동이 너무 신중해서 다소 느려 보이기까지 했던 형 연우는 책 읽기 시간에 꼼꼼하게 주어진 범위까지 모두 끝내고 가는 성실함도 갖추었습니다. 형과 같이 영어 노출을 시작한 선우는 형보다는 상대적으로 더 어린 나이에 시작했으므로 영어가 좀 더 자연스러웠습니다. 소리가 귀에 넘치게 되자, 눈도 빨라져서 선우의 읽기 속도는 상당히 빨랐습니다. 책을 너무 후다닥 읽어서 다시 앉혀놓고 체크해 보면 유창한 발음과 자연스런 인토네이션(intonation)으로 책을 읽었습니다. 형도 상당히 잘했지만, 영어 노출 시간이 형보다 더 빨리, 그리고 더 어릴 때 시작된 선우의 영어는 물 흐르듯이 자연스러웠습니다. 형제는 언제랄 것도 없이 어느 순간부터는 자연스럽게 책을 읽기 시작했습니다.

학교 가기 전에 1시간 정도 꾸준히 영화 감상을 하다

형제는 학교에 가기 전에도 1시간 정도는 영화를 보았습니다. 어느 날부터는 둘이 레고 놀이나 블록 놀이를 할 때도 여지없이 영어로 주거니 받거니 하는 광경이 목격되었지요. 그리고 영어 학원을 오갈 때면 영어로 말하기로 약속을 했다고 하더니 영어로 조잘거리면서 학원에 도착하곤 했습니다. 연우와 선우 형제는 아무 문제 없이 듣고, 읽고, 말하기의 아웃풋이 자연스럽게 나왔습니다.

1인 드라마 극장처럼 생동감 넘치는 연우의 연따 스피킹

연우와 선우 형제는 동시에 스피킹 수업을 시작했고 둘은 누구보다 이 수업을 즐겼습니다. 특히 연우는 말하기에 진심인 아이였지요. 동생인 선우가 간결하게 하고 싶은 말만 딱 하는 반면, 연우는 말하기 자체를 즐기고 좋아했습니다. 연따를 할 때도 대사를 원어민의 내레이션과 똑같이 처리했습니다. 이런 연우의 연따를 듣다 보면 거의 1인 드라마 극장처럼 생동감 있고 재미있습니다.

연따를 하기 전에 잠깐 스몰토크(smalltalk)를 하는 시간이 있는데, 스몰토크 시간에도 연우는 하고 싶은 말을 다 했습니다. 어린이날을 앞둔 어느 날에는 선물 받은 아이언맨(Iron Man) 피규어를 얼마나 재미있게 설명하던지요. 듣다 보면 보지도 못한 아이언맨 피규어의 모습이 그대로 상상이 되었습니다. 연우와 선우는 스피킹 수업이 어느 정도 익숙해지고 난 후 쓰기 수업을 시작했습니다. 모국어도 듣고, 말하고, 읽고 나서 쓰기를 시작하는 것처럼 영어도 똑같이 듣고, 말하고, 읽기가 어느 정도 익숙해질 무렵에 쓰기를 시작해야 합니다.

영어 글쓰기는 겁 없이 달려들어 쓰는 것이 중요하다

어떤 아이는 누가 시키지 않아도 영어 쓰기를 합니다. 어버이날에 영어로 편지를 쓰기도 하고 엄마 생일에는 자기가 만든 카드에 영어 말풍선을 넣기도 하지요. 한글을 배울 때 이렇게 했듯이 영어를 배울 때도 이런 행동이 똑같이 나옵니다. 이런 아이들은 기본적으로 영어 글쓰기에 크게 부담을 갖지 않습니다. 하지만 한글 글쓰기도 딱히 즐기지 않는 아이들은 영어에서도 똑같은 모습을 보여줍니다. 이런 아이들은 억지로 쓰기를 시키기보다는 자연스럽게 조금씩 써 보도록 해야 합니다. 이 상태에서 말하기와 읽기를 할 수 있게 되면 그 다음에 쓰기를 진행하는 것이 좋습니다. 그래야만 영어 글쓰기에 부담을 갖지 않습니다.

영어 글쓰기는 우선 한바닥씩 겁 없이 달려들어 쓰는 것이 매우 중요합니다. 무엇이든지 자신의 생각을 적는 것이 그 시작입니다. 물론 그 이전에 풍부한 경험이나 충분히 읽은 독서가 가장 큰 도움이 된다는 것은 두말할 필요가 없습니다.

말에는 그토록 진심이고 말하기를 즐기는 형과 딱 할 말만 하는 동생은 글쓰기에도 개성이 서로 달랐습니다. 딱 할 말만 하는 선우는 쓰기도 짧고 문장이 간결하지만, 중심이 되는 내용은 모두 들어있습니다. 연우는 말하듯이 쓰기를 원해서 문장이 길어집니다. 아무래도 문장이 길어지면 좀 더 장황하게 느껴지기도 하지요.

둘 다 문법을 공부한 경험이 없어서 문법에 완벽한 문장은 아닙니다. 하지만 문법이 아예 맞지 않는 것도 아닙니다. 두 아이 모두 글을 쓰는 데 아무런 어려움을 느끼지 않았습니다. 이제 5학년, 6학년인 형제는 영어에 대해서 듣고, 말하고, 읽고, 쓰는 4대 영역에 대해 고른 실력을 갖게 되었습니다.

뿌듯해 쓰기 시리즈

예비 초등과 초등 저학년을 위한
한 권으로 완벽히 끝내는 숫자, 알파벳, 한글 쓰기

뿌듯해콘텐츠연구소 | 10,000원

뿌듯해콘텐츠연구소 | 10,000원

뿌듯해콘텐츠연구소 | 10,000원

뿌듯해 사자소학

뿌듯해콘텐츠연구소 | 9,000원

조선 시대 명문가의
아동 인성교육서인 사자소학!
오늘날에 맞게 해석해 배워요!

- 어휘력과 바른 인성을 키우는 4주 집중 코스!
- 오늘날 현실에 맞게 사자소학 60구
- 〈뿌듯해 사자소학〉 3단계 공부법